Karam Khella

Fundamentos de la
Teoría Universalista de la Historia

Karam Khella

Fundamentos de la

Teoría Universalista de la Historia

Fundamentos de la
Teoría Universalista de la Historia
2. edición en española 1996
(La primera edición apareció en "Historia de los pueblos árabes", Hamburg 1994)

Traducción a la edición en española:
Eneko Akarregi
Dalila Hirojo
Ajeandro Miranda
Detlev Quintern
Maria Rojas
Myriam Silva
Manuela Theurer

ISBN 978-3-921866-69-6

Editorial Teoría y Práctica
Goldbachstr. 2
22765 Hamburg
Alemania

info@tup-verlag.com

ISBN (pour l'édition en allemand) 978-3-921866-59-7
ISBN (pour l'édition en inglés) 978-3-921866-22-6
ISBN (pour l'édition en français) 978-3-921866-68-9
ISBN (pour l'édition en turc) 795-6709-45-6
ISBN (pour l'édition en espagnole) 978-3-921866-69-6
ISBN (pour l'édition en arabe) 978-3-921866-65-8

Indice

Prefacio a la edición en española

Casi ninguna otra ciencia ha sido tan claro objeto de manipulación como la disciplina de historia. La historia ha sido más una proyección de historiadores que una compleja descripción del desarrollo de la humanidad. Cada historiografía es una ideología del presente. La historia escrita en las lenguas europeas reproduce las condiciones de dominio que han aparecido únicamente en los ultimos siglos como historia real antes del dominio europeo. La historia de la humanidad se presenta hoy como un mundo que estuvo siempre dividido por el imperialismo. Este hace una lectura de la realidad actual que objetivamente no existe y la transmite como real.

La realidad virtual desplaza la real y ocupa su lugar en la conciencia de las personas. Esta lectura no hubiera sido posible sin la manipulación de la historia. Los estudios de historiografía se han convertido en verdaderos falsificadores de ésta.

De forma paralela sustituye la realidad virtual a la real no solo en la conciencia de las personas, sino también en la realidad – primero sujetivamente, luego objetivamente. De donde se deduce que la revisión de la historia no es únicamente de interes teórico sino también práctico. Tendría consequencias prácticas directas sobre la sociedad, la vida y supervivencia de las personas.

Sería un error pensar que la corrección de la historia es esencialmente una tarea de la investigación empírica de la historia.

En mi larga experiencia práctica como historiador, sea como maestro académico o como analista de épocas y situaciones de la historia, he constatato repetidas veces que la pelea escencial no es tanto por la indagación de los hechos como por su comprensión e interpretación.

La teoría determina el sentido y el significado de los datos de forma que hechos puntuales pueden adquirir, según la reflexión, eventualmente, incluso significados antagonistas.

El segundo problema era que la representación de la historia estaba hasta hoy falto de principios de asociación de conocimientos puntuales y de interrelaciones globales históricas.
La necesidad de la »*Teoría Universalista de la Historia*« es por ello latente. Esta teoría se confronta con los sucesivos problemas de la ciencia de la historia y se esfuerza por solucionarlos.
El tercer problema era la existencia de las famosas lagunas históricas (missing links). La representación de la historia como procesos de larga duración, según la »*Teoría Universalista de la Historia*«, resultó ser de gran ayuda en ese sentido. La sola constatación de los hechos no cubriría dichas lagunas históricas. Caso de que éstas puedan ser atribuidas a una *»ola larga«* obtienen de repente su significado histórico. Como consecuencia pueden ser atribuidas a su respectiva fase del desarrollo histórico.
El cuarto problema era la pregunta sobre el posicionamento de los historiadores en la historia. ¿Representan por una parte los historiadores y por otra la historia una relación sujeto-objeto? Es decir, hasta que punto se puede objetivizar la historia; es un concepto que marca la conciencia de los historiadores como tales. O es más bien que el historiador varía la realidad a través de su intervención por medio de la investigación y la representación de ésta (parecida a la N*o Nítida Relación,* a la así llamada interpretación de Kopenhage de la Teoría Quántica) y éste es a su vez influenciado y cambiado por la realidad. Si es así, resulta ser una relación sujeto-sujeto. Entonces es la ciencia de la historia una investigación de acción (action research).
El quinto problema es la factibilidad de la historia. Mientras el materialismo histórico de procedencia marxista despoja a la historia del sujeto, la »*Teoría Universalista de la Historia*« llega a la siguiente conclusión: »la historia es antropogena«.

Por último, como sexto problema, queda la pregunta sobre la relación teoría-práctica. Una contradicción que en la *»Teoría Universalista de la Historia«* desaparece. Los problemas de la teoría son preguntas prácticas de gran significado. Por ello la teoría es muy excitante.

Reconozco ser el fundador de la *»Teoría Universalista de la Historia«* pero de ningún modo soy el fundador del universalismo. Este principio es tan antiguo como la humanidad misma y ha sido destruido por el eurocentrismo cuya antítesis es la teoría universalista de la ciencia. Su rápida recepción entrega una inesperada prueba para la convicción universalista que siempre ha subsistido en las personas. El hecho de que la »C*oncepción Universalista de la Historia«* pueda ser ahora leida en lingua española es para mi un gran placer. Doy las gracias a las/los intépretes especialmente a Dalila Hirojo y Ajeandro Miranda.

Karam Khella,
Hamburgo el 9 de agosto 1996

Dirección del autor:
Dr. Karam Khella
Possmoorweg 42a
22301 Hamburg
Alemania

I. **1. Eurocentrismo**

2. Positivismo histórico

3. Materialismo histórico

II. **Teoría de la Historia Universalista**

I.
1. Eurocentrismo

Eurocentrismo es un caso especial en la falsificación de la historia. Este no aparece en la presentación de europa, sinó viene utilizado en el tratamiento de la historia no europea.
En éste sentido ocupa europa una posición especial en relación con el resto del mundo. Con respecto a su auto presentación, como en la presentación no europea; aparece un cuadro histórico el cual queda marcado a través de motivos repetitivos. Son éstos, los que al final me llevan a elaborar un juicio global. "falsificación" es un término relativo. El falsificador de historia, no es en el mismo sentido un falsificador como el "falsificador de dinero". La pregunta seria entonces, en que sentido europa falsifica historia. Si cada uno de los alumnos europeos aprende la historia en forma de hechos los cuales vendrán mantenidos y utilizados en forma de dichos por ejemplo De tal manera enseña el maestro de historia sobre la batalla de Issos en el año 33 antes de Cristo. De tal manera esta enseñanza no es una mentira. Como tampoco es el positivismo una mentira, si se valora según el contenido de la verdad de un informe aislado. Ya que la enseñanza europea, en su absoluta mayoría se encuentra comprometida con el positivismo; no ven porque a ellos se les reprocha la falsificación. Ellos me reprochan de que soy injusto con mi formulación, en muchas discusiones con colegas y, a través de experiencias en congresos, lo sé muy bien. Como es de dificil que mi crítica sea comprendida. Tengo que confesar, que un hecho visto aislado no es necesariamente una falsificación, cuando ha sido justamente comunicado. No obstante necesita la otra parte en la mesa de negociación, mucho más tiempo hasta que se ha llegado a aceptar. Con tal que trae paciencia, capacidad de mantenerse firme, perseverancia, y estar sin prejuicios para poder tener la disposición de escuchar.Sea como sea – la larga y existente discrepancia ha traido ya mucho, ya que algunos autores europeos en sus discursos oficiales admiten

la existencia del positivismo y lo critican. Tengo que decir por desgracia, que su forma de criticar el eurocentrismo en la mayor parte de los casos no es una crítica. Si escucho atentamente tratarán sobre bagatelas, sobre casos evidentes (minorías, racismo primitivo) tratando siempre de poner el propio eurocentrismo en la sombra del error craso. Asi fué como los orientalistas alemanes declararon a Sholl-Latour y Konzelmann como culpables. Para asi poder lavarse ellos mismos las manos Si escucho atentamente; en un buen discurso oficial el eurocentrismo será criticado de antemano para poder presentar sin verguenza su propio eurocentrismo. En todo caso no se puede hablar de una revisión de la historia ni por lo menos de su disposición. Un ejemplo.

Mi tesis: La intervención europea en el proceso histórico mundial (desde 1441 respectivamente 1798) representa una ruptura de forma particular, la cual no es posible comparar con otras rupturas históricas.

Tesis europea: Historiadores europeos hacen con esa pregunta lo siguiente: La presentación de los actos de violencia en los imperios fuera de europa son y estan descritos de una forma exagerada. Por otro lado, los crimenes del colonialismo europeo no vienen tomados en serio, ó no tienen ningun valor para los historiadores. La historia del imperialismo occidental y sus atrocidades no fueron aún escritas. Por otra parte, la contribución histórica cultural de la mayoría de los pueblos no europeos no recibe sus meritos históricos que en verdad le corresponden. Por lo contrario se exageran los méritos y el significado del rendimiento europeo. El significado "civilización" viene del alemán que casi exclusivamente quiere decir "europeo" respectivamente del occidente. Los orígenes árabes del renacimiento europeo son ocultados. Asi también, son negados los orígenes árabes del cristianismo. En la autopresentación se destaca europa del resto del mundo. Como si fuese posible la existencia de europa sin el resto de la historia de la humanidad. Los extranjeros son siempre los culpables, lo justifican siempre en función de su propia historia, llegan tan lejos

diciendo que existen dos discursos europeos. Yo créo que *el mismo* autor utiliza dos lenguajes diferentes para la descripción de hechos idénticos,es decir dependiendo de quién y de que sé habla. Sobre los europeos habla él de “expedición” (por ejemplo ”la expedición francesa” bajo el mando de Napoleon en 1798). Tratándose de no europeos habla él sobre la “desvastación”, “saqueo” y al final de “barbaros”. En la discusión de literatura he podido en base base a una nomina de autores y especialidades concretar mi tesis. (por ejemplo Pag. 37 y paginas siguientes.) (continua mas abajo: El discurso dividido, pag. 298).
La tesis mencionada es solo como ejemplo para que la entiendan muchos. Yo quiero dejar llevarme por el entusiasmo y, mantener que en todas las preguntas de las ciencias solo predomina la forma eurocentrista, la cual solo a través de la crítica y de el punto de vista universal puede ser arrancada y sacudida a la luz del día. Una vista específica europea pasa al primer plano en los temas: “Mundo”, “Política”, “Sociedad”, “Historia”, “Ser humano”, “Naturaleza”, “Guerra”, “Paz”, “Medio ambiente”, “Demografia”, “Economía mundial”, “Riqueza”, “Energia y Pobreza” en el mundo, para nombrar algunos ejemplos. Con éstos ejemplos se demuestra como europeos y (Estadounidenses siempre de la mano) eren ver todo diferente al resto de la humanidad. El eurocentrismo es la forma egoísta nacional para la cual la humanidad y el mundo no estan considerados como el eje central, sinó que en función de sus propios intereses y actúan según las consignas que son comunes en el alemán: “alcanzaré mi objetivo aunque tenga que pasar sobre cadaveres”, “después de mi, que comienze el diluvio”, “Todo esta en manos alemanas”, (de esa forma continua la jerga interna) “Todo en orden?” por cierto, de la misma forma en el sector académico.
Encontrar la culpabilidad del eurocentrismo es menos evidente que cuando se trata de la declaración de los pueblo árabes. Limitemonos a la examinación del tema de esa obra “Historia del pueblo árabe”. De esta forma es mas fácil. Los análistas europeos parecen haber encontrado para su empantanado odio y racismo, el chivo espiatorio árabe apropiado. El árabe, el que paga

el pato en la historia. La reproducción de prejuicios como algo "cientifico" y preparación de tesis – ocurre siempre a menudo e inconcientemente – a través de los enraizados prejuicios de los autores. Arabistan que han tratado de desviarse de este esquema estancado. (por ejemplo Adam Metz, ó Sigrid Hunke) fueron arrollados por una ola mas poderosa de la fobia árabe. Aunque en ese punto se prescinde de una exhaustiva presentación de los esquemas europeos que caracterizan la presentación árabe serán mencionados aquí unos de los esquemas. El eurocentrismo el cual es relevante para la ciencia histórica será resumido en las tesis siguientes.

1. *Segmentación y segregación* como método europeo para la presentación de la historia: Uno de los rázgos mas evidentes en la presentación árabe, es el fraccionamiento de este, en mini estados y pequeñas comunidades, grupos étnicos los cuales no pertenecen a través de una ligazón en un amplio marco cultural, geográfico-económico y social político. Egipto y Siria por ejemplo, son siempre presentados como rivales. Si acaso éstos tendrían una historia común, entonces solo y a través de las conquistas árabes del septimo siglo. Los Historiadores europeos escriben historia árabe, como si el tratado de las potencias Sikes-Picot hubiese existido siempre. Ellos hacen caso omiso que recientemente el 16 de Mayo de 1916 y contra la voluntad del pueblo árabe este pudo realizarse. El Estado Nacional, es producto del desarrollo específico europeo. La idea nacionalista que tuvo graves consecuencias y causo daños irreparables a los estados Afro-Asiáticos fué internacionalizada sin el conocimiento de las necesidades de los pueblos, para servir a los interéses colonialistas y para dividir la unión y la solidaridad de los pueblos oprimidos. Los historiadores créen que es su tarea cimentar históricamente la política colonial. El signatario, se esfuerza en el limitado marco de esta obra, para aprovechar al máximo su objetivo y se opone al modelo estancado de los orientalistas europeos con el objetivo de contrarrestarlos. Una presentación integral de la historia árabe deberá, no solo contener el lugar y las caracteristicas regionales,

sinó ser justa con los intereses colectivos, tendencias y, finalmente dejar valer su desarrollo.

2. *El discurso dividido:* La escritura alemana muestra de forma literal las diferentes término- logias, dependiendo de quién se habla. El lenguaje de la autopresentación es diferente al lenguaje utilizado para la presentación extranjera. Si se quiere probar el racismo en la ciencia europea, se tiene que analizar primero la literatura técnica árabe (y no solo la periodistica). El oriente fué construido como modelo contrario del occidente. En cuanto al contenido "la civilización europea" fué resaltada en relación al rendimiento de los pueblos no europeos. En la presentación de los pueblos árabes, la historia cultural se reduce a motivos conocidos y sobre todo los religiosos. El Islam se sobre expone y los otros componentes serán marginalizados.

3. *La presentación extranjera y autopresentación en la obra histórica*: En la presentación de la historia, muchos autores aplican determinados esquemas; los cuales se repiten con mucha frecuencia. Asi que se puede hablar de una "Tipología". En la autopresentación alcanza un vuelo desmesurado, mientras que el resto del mundo cojea. Con la excepción de la Edad Medía ocupa Europa la vanguardia del desarrollo internacional.Un motivo, que el marxismo adópto plenamente. De aquí resulta la consecuencia, que la historia de los países no europeos será iniciada primeramente por europa. "Los pueblos sin historia", que "fueron descubiertos por europa se pusieron en marcha en la historia. Domina el motivo de la incapacidad cultural por parte de los pueblos no europeos. Grandes descubrimientos e inventos se quedan derechos reservados de los blancos. Un libro con el título "Padre de la fisica" menciona exclusivamente nombres de "hombres" fisicos blancos. En el aspecto social político se observan los estados no europeos y su desarrollo como resultado de las decisiones europeas y no como parte de su disposición histórica. Asi resulta la pregunta vista desde la – óptica europea – cuales son las capacidades y rendimiento de los países no europeos.

Los autores blancos admiten ó confiesan la dominancia de los negros en la religión. Africanos, Asiáticos y Américanos son vistos principalmente bajo el aspecto religioso:Un jefe religioso ocupa el centro de la vida espiritual. Las grandes religiones del mundo son un *rendimiento genuino* del oriente. Este hecho será tomado por los autores europeos y, asi poder justificar y ocultar otros componentes de la historia cultural. Los árabes fueron reducidos al Islam, al mismo tiempo que se reduce la dominancia de la religión en el desarrollo de europa. En la aplicación de normas equivalentes, el historiador tuvo que llegar a resultados que la religión en la historia europea no es significante, quizas alcanza un significado mas grande que en la la historia de otros continentes. Ejemplo Historia del Siglo 19. Como cosa natural presenta a europa como el continente donde nació el Racionalismo, la Ciencia crítica, la Clarificación. La propagación de la moderna civilización iluminó el resto del mundo. En eso estan de acuerdo los marxistas científicos burgueses. El mundo europeo, sufrió bajo la dominación de la Mitología y de la supertición, hasta que pudo recibir emancipación europea. En mi interpretación, el comportamiento de las cosas me parece al revés. Nosotros nos preguntamos, como se podrían invertir esas relaciones.

a. La procedencia espiritual de las ideas de la revolución francesa en el racionalismo árabe y sobre todo Ibn-Rušd (Averroes) son negadas.

b. El secularismo árabe – El levantamiento de Egipto contra el Imperialismo Osmano y la formación de los Estados Laizistas bajo el mando Muḥammad ʿAlī fueron ocultados por los historiadores europeos, asi como el hecho de la destrucción del Estado Egipcio Moderno secular por parte de los aliados europeos en 50 años de guerra de agresión 1831-1882.

c. La autopresentación muestra a europa en cambio, como una unión de estados que actúa racionalmente ("en contra de de la irracionalidad del Islam"). De esa forma serán iliminadas las cruzadas religiosas en la historia europea. En la historia árabe sucede lo contrario, éstos hechos son expuestos de una forma exagerada. El motivo histórico Escatológico ó "la enseñaza del fin de la historia" fué acuñado en 1806 de G.W.F Hegel, cuando Napoleón venció a Prusia y ambúla desde entonces a través de la literatura. Este fué retomado por Marx no como expresión bien pero como contenido. En la autopresentación, los historiadores europeos dividen por principio entre "historia de la iglesia" y "historia política". En la historia árabe suprimen concientemente esta división.

d. "*La Santa Alianza*" fué proclamada en el año 1815 en Paris por Austria, Prusia y Rusia. Esta sé apoyo en los fundamentos religiosos y bajo consignas biblicas una política agresiva y restaurativa, la cuál caracterizó hasta hoy la política occidental. Desde Metternich hasta Clinton cambia solamente el nombre, el símbolo, el lema. Lo que se quedó es el "compromiso con los principios del cristianismo". Lo que también se quedó es la pretención misionaria de gobernar el mundo

Autores europeos apenas querian reconocer que la religión como legitimación de poder y como medio de la motivación de la política de poder ha jugado en europa un papel mucho más importante que en el oriente.
Preferirían insistir en el esquema simple y sistema autosuficiente de "racionalidad del occidente./. e "Irracionalidad del Islam".

4. *El círculo hermenéutico del eurocentrismo.* Las ideas prefijadas de Europa en cuanto al oriente se muestran en las traducciones del árabe. Con ello estas obras se interpretan como una especie de "autodenunciación". El orientalista traza un gran círculo sobre las obras de racionalistas árabes; en cambio la teoría teológica esta traducida de forma desproporcional y esta traducida, comentada y ampliada literariamente en una medida superproporcional. Originales de tendencia racional sufren en la traducción una connotación religiosa y metafisica. Como ejemplo actual Ibn-Ḫaldūn será mencionado en el idioma Alemán.
La edición salio bajo el título – "Ibn-Ḫaldūn, libro de los ejemplos – La introducción al Mugdaddima del árabe, traducción en

elección. Anotaciones previas y anotaciones de Mathias Pätzold" (Leipzig 1992). Dichos extraidos arbitrariamente destrozan sistematicamente la obra original del Autor Magriebi, terminos mistificadores del autor alemán, le son sugeridos al autor de habla árabe. El caso "de denunciación de sí mismo" con ello me refiero al siguiente fenómeno muy característico de la orientalista europea y fenómeno alemán.

Las imágenes y modelos de pensamiento existentes en europa sobre los árabes les son atribuidos a los árabes mismos. Los traductores europeos integran en las obras topos de forma intencionada aunque oculta.

Consiguientemente el Oriente es visto de la forma que a europa le conviene, el investigador que utiliza estas "traducciones" se hallá confirmado en sus prejucios. Vamos a demostrar el caso con un ejemplo concreto. Señalo que escojo concientemente un ejemplo díario – es decir no una desviación atipica de un Orientalista: Ibn-Ḫaldūn, Muqaddima, capítulo 37 "sobre la guerra". Estas son pués cuatro tipos de guerra.

Las dos primeras son guerras injustas y complot. Las dos últimas son dos guerras justas una intervención para defenderse de una injusticia cometida y para volver a establecer la "justicia".

Veamos ahora lo que el arabista alemán ha presentado: "éstos son los cuatro tipos de guerras, las dos primeras son injustas y pecaminosas, la otras dos son justas y santas". Algunos lectores, pueden que no le saltan a la vista mayores diferencias, por eso puede ser útil una consideración mas de cerca. El esquema que el arabista alemán aplica, traslada los criterios empleados por Ibn-Ḫaldūn para juzgar guerras a un plano religioso. De esta forma las guerras son divididas en "pecaminosas" y "santas", es decir que el árabe no se comporta de manera política frente a una situación de guerra, sinó de una forma mistíca. La imágen que los europeos tienen de la actitud árabe con respecto a la guerra se encontraria ya supuestamente en Ibn-Ḫaldūn. En cambio el Ibn-Ḫaldūn auténtico ha instaurado criterios puramente políticos, es decir que cada persona debe juzgar con sentido común "sin contexto clerical" debe juzgar el suceso militar por sí mismo. Pero

es justamente estó lo que se le niega a los árabes. Su forma de ver es limitada a un plano meramente religioso y teológico que los europeos consideran de fundamentalista hasta fanatico y que presuntamente esta probado ya por Ibn-Ḫaldūn. En consecuencia "en la seudo traducción" el establece un "dogma de guerra" a el se suman los árabes incapaces de formarse una opinion según criterios sociopoliticos-racionales con capacidad crítica.
La traducción – aquí en el ejemplo de Pätzold le niega a la persona árabe simplemente la capacidad de análisis y de juicio independiente. Los objetivos de la enseñanza son operacionalizados sutilmente. Los árabes, en éste caso son presentados en base a sus propias obras originales y se delatan ellos mismos "autodenuncia" (en realidad Ibn-Ḫaldūn en éste amplio capítulo ha plasmado los terminos "guerra justa" y "guerra injusta". Pätzold tradujo alrededor del 10% sin llamar la atención del lector sobre el hecho; más bien le sugiere que el haya traducido todo el capítulo 37. Desde entonces son términos imprecindibles para discutir acontecimientos militares. Aún hoy son empleados en debates de las Naciones Unidas. Para aquellos que quieran verificarlo esta transcrito aquí del texto original:
"fahāḏihi arba'atu aṣnāf min al-ḥurūb. Aṣ-ṣinfāni al-awwalānī minhā ḥurūbu baġy wa fitna, wa aṣ-ṣinfāni al-aḫirāni ḥurūbu gihād wa 'adl."
Como esta frase es toda la edición de Ibn-Ḫaldūn realizada por Pätzold. Lo cual al mismo tiempo es representativo para la orientalista alemana. La incapacidad de los arabistas se convierte en la incapacidad de los árabes. La traducción supuestamente arabista le es atribuida a los árabes. Las traducciones son consumidas y citados por lectores europeos. Ellos caracterizan la imágen árabe no solo de la literatura tribial, sinó también de la literatura científica. Aquí el círculo herméneutico se cierra.

5. *La división de la historia del presente de los pueblos.* Típica se hace la expresión del egiptólogo de Hamburg Wolfang Helck. "*Entre la cultura presente en el valle del Nilo y el reino de los faraones no hay una relación inmedíata... Estas apenas se conec-*

taban en el pasado si bien, tienen los campesinos por su origen una relación con los faraones." El significado de la historia para el egipto de hoy Helck lo expresa asi: "*Dentro de lo que cabe, esta influye en la medida en que el turismo es fomentado como una fuente importante de ingreso de divisas, gracias a los réstos de la historia faraónica y no por su paisaje y su presencia*". Con semejante actitud un historiador se descalifica asi mismo y sirve de autotestimonio de que no comprendió la época histórica antigua ni la actual. Por que la discusión no es científica, es racista y superflua.

6. Aculturación histórica. El fenómeno tiene muchas formas y expresiones; hablando de forma general el término de aculturación describe el retrocedimiento de una cultura por otra. Y en sentido específico, la aculturación es la destrucción y aniquilación de las culturas no europeas y al mismo tiempo la dominación global de la cultura imperialista del hombre blanco. Vamos a concentrar nuestro enfoque en la parte que las ciencias históricas europeas tienen en el proceso de aculturación y con ello la invisibilidad de estas ciencias del neoliberalismo. Este aspecto particular lo calificamos como "aculturación histórica". Concreticemos en base a temas históricos significativos el término de aculturación asi caracterizado:

a) Elementos de la historia árabe y no europea son agriegalizados y latinizados: lugares, personas importantes y logos culturales de los pueblos son extranjerizados y europeizados ("robo de cultura"). A veces la aculturación alcanza semejante grado de radicalidad parece visible.Empieza ya con la antropogénesis. Las herramientas de la edad de piedra son rebautizadas como romanas ó germanas, en la que se sugiere una génesis europea. En relación a otros capitulos de la antropogénesis se suscita la impresión de que las formas superiores de la evolución especificamente humana tuvieron lugar en europa (por lo general se sigue creyendo en eso). Ejemplos: los hallazgos de herramientas en "Oranien" en vez de Maghreb; la punta de forma de lanza de los "lupembios" proceden de africa

occidental; Hallázgos de herramientas de “tipos de Pietesburg – y de Stillbay” en vez de Africa oriental y sur oriental., herramientas más evolucionadas del paleolítico medio son designadas como “Técnicas Mousterias y Levallois”; pero los lugares de hallazgo no se encuentran en francia, sinó que son magrebíos. Son innumerables los ejemplos. El hombre – Fayyūm es rebautizado en Hommo zeuxis.
Épocas luminosas de la historia de la humanidad son embargadas como europeas. Una vía fácil para ello es la extranjerización de la nomenclatura “Herakleopolis”, “Hermopolis”, ”Krokodilo-polis” ó “Heliopolis”. Son nombres que nunca estuvieron sobre letreros de lugares. Nunca estuvo en el trono de un Faraon “Menes, Cheops, Chephren ó Mykerinos”. Osiris no aparece nunca en la mitología egipta, solo en la egiptología europea. En la literatura occidental aparecen los faraones como si fuesen emperadores romanos ó griegos. De igual modo se extranjerizaron la historia de la razón, la cultura material y otros logros históricos. La egiptología europea desradico la cultura egipcia y la implanto en europa. Ahí se ve la función ideológica de la aculturación. Es un medio para gobernar. Sugiere que el mundo ya fué siempre político, que al menos estuvo dominado culturalmente por lo europeo. De hecho el colonialismo fué visto por muchos europeos como pretensión legítima de las potencias europeas para tomar posesión de las colonias. Primero se tomaron posesión de los nombres, después de los territorios. Aún hoy una agencia de viajes con destino a egipto puede hacer propaganda con el lema: “Esta es tu tierra”.

b) Instauración de una periocidad: las épocas luminosas son divididas por historiadores europeos según su propia historia. Asi surge el efecto como si el mundo se dirijiese siempre a europa. Cuando se habla de que europa aún dormitaba en la oscuridad de la historia; con respecto – al mundo – se habla de Pre-historia ó de historia temprana. Las culturas superiores de Egipto,

Siria, de Irák, de Irán que han escrito el más vasto capítulo de historia de la humanidad, son calificadas por los europeos como "Culturas tempranas". La historia de Grecia, de Roma y de los gérmanos es tratada con una amplitud no justificada. La antiguedad se limita a la historia de tres ciudades: Atenas, Roma y Esparta, que al mismo tiempo son presentadas como "historia universal". Tanto el marxismo como la ciencia histórica burguesa coinciden en escoger éstos tres centros en representación de todo el resto del mundo. Entre autores hay conceso en dividir entre: "Historia antigua ó Antiguedad", "Edad Media ó Medíanividad" y "Edad moderna". Este genial esquema – en caso de que contenga un sentido reconocible aparte de como ocupar las cátedra – se refiere solo a europa. Sin embargo se deben aunar los esfuerzos para establecer una periodicidad universalmente válida.. Aún más genial resulta la división marxista que transcribe las épocas mencionadas en: "sociedad con esclavos", "feudalismo" y "capitalismo". También aquí prevalece el eurocentrismo. La esclavitud por ejemplo es una forma de sociedad que – según los criterios del materialismo histórico – fueron solo característicos de Roma, Atenas y Esparta y sim embargo no pueden ser retenidos para el resto del mundo. Bajo "feudalismo" recoge el materialismo histórico formas de sociedad de lo más diverso, que representan más diferencias que parecidos y de hecho el término "capitalismo" es muy cuestionado (esta época debería más bien denominarse como "colonialismo/imperialismo"). Mas abajo he tratado de establecer una periocidad mas justa en cuanto independiente de europa. Como europa se ha despertado de su no – historia sólo en los ultimos siglos antes de cristo y solo después (desde un punto de vista actual) comienza la historia antigua, las culturas superiores que tenían en esa época un enorme progreso y ventaja, deben considerarse como "historia temprana" ó "Prehistoria". Se ve aquí lo absurdo del eurocentrismo.

c) Helenismo: El término del helenismo designa la historia cultural y de la razón después de Alejandro el Mágno hasta

comienzos de las conquistas árabes. Con el triunfo de Alejandro, el griego encontró como lengua fuera de grecia una cierta aplicación en las nuevas administra-ciones en Egipto, Siria, Iráq é Irán.
Llevados por un ideal universal y motivados por la oportunidad de una comunicación interna-cional, los científicos y escritores en lo que es hoy el mundo árabe se sirvieron del griego como idioma de la literatura. Ellos ni eran griegos ni querían serlo. Al mismo tiempo tampoco tenían nada contra lo griego. Se encontraban plenamente enraizados en sus culturas al tiempo que leían también las mismas. Este hecho conservó su válidez en la conciencia de toda la épocasucesiva. Esto cambio sin embargo,cuando los europeos en el siglo 19 empezarón a prácticar ellos mismos la ciencia histórica. Confiscaron los logros milenarios de los autores árabes que escribieron en griego entre los Ptolomeos, romanos y bizantinos, el "helenismo" fué instaurado. La falsificación histórica tiene sistema. Los logros culturales de los pueblos es transcrita como griega, y los pueblos presentados como culturalmente incapaces. Términos como "Fase pitogorica" ó "principio de Adrimides" ó "Tornillo de Adrimides", (tanbur) resulta ya impensable sacarlos de los libros escolares europeos. Siendo que se trata de los logros teóricos y prácticos desarrollados en Egipto y que a través de becarios griegos han llegado a europa. Hoy éstos se consideran simplemente griegos. Lo mismo vale para la medicina, la Farmacología, la Botánica, la Zoología, las Matemáticas, las Ciencias naturales, la Astronomia, la Mecánica del universo, (la astronomia), la Informática y la Filosofía. La Escuela Egipcia Alejandrina utilizaba a parte del còptico tambièn el griego, sin ser por ello una escuela griega. La polìtica de aculturaciòn sin embargo la ha separado de Egipto desde ya hace tiempo. El historiador eclésial Hans von Conpenhausen mencioná su conocida obra "Padres de la Iglesia Griegos". En la 11 biografias presentadas se trata de 1 Libio, 4 Egipcios, 1 Palestina, 2 Sirias, 2 de Asia menor, y solo un griego (Juan Chrisóstomos). Analógamente se repite el hecho en los "Padres

de la iglesia latinos". Tanto autores precristianos como autores de tendencia cristiana aparecen en las enciclopedías y también monografías como griegas ó romanas y con ellos europeos sin que los afectados sospecharan su posterior pertenencia a otra ciudadanía: Ptolemaias Claudius (del egipcio Fayyūm), Lucien (Siria), Augustina (tunez) etc.

d) Cristianismo: La versión europea del cristianismo no es excenta de ironía. Una religión que pone el mandamiento "no dara falso testimonio" en el centro de su fé se convierte en la pieza decisiva para la falsificación de la historia universal. Países de origén del cristianismo son Palestina, el Reino Nabateo árabe (situado en lo que hoy es Jordania y Siria). El estudiante de teología de una universidad europea aprende griego y Latín con la conciencia de que se trata de lenguas originales del cristianismo. Sin embargo ni Jesús ni sus discípulos hablaban ni sabían el griego. Los sinópticos griegos son secundarios, es primario el palestino-arameo. También en los tiempos de Jesús Palestina era caracteristicamente (tanto los reyes nabateos como también los herodíanos eran árabes). Los orígenes árabes del cristianismo fueron negados y retenidos indescutibles siendo Pablo probablemente el inagurador de la variante cristiana que se ha impuesto -resalta que desde su conversión estuvo nada menos que durante 15 años en Arabia como predicador. Probablemente fué el árabe su lengua madre, el arameo del reino su primera y el griego su segunda lengua madre. Desde luego ni él ni los demás apóstoles ó iniciadores de la religión se llamaban como aparecen hoy en la historia. En su caso la aculturación política fué puesta en práctica muy pronto. El cristianismo y sus fundadores fueron agriegados y extranjerizados. Ša᾽ūl se convirtio en Pablo, Sim῾ān en Pedro, Yaḥya y Yuḥanna en Juan, los otros en Mateo, Tomás etc. Los fundadores de la religión decididamente no se volverían a reconocer en su propia iglesia. Jesucristo es seguro que no se llamo asi. A esto se agrega la función cultural psicológica de la aculturación. Las antiguas culturas superiores son mentalmente de su ulterior desarrollo árabe y de su actual evolución como si se tratara de dos mundos. "Cartago" (aquí como término funcional de historiografía europea) no debe recordar el Tūnis (tunez) de hoy. Kyreraica no permite asociar a Libia. Mesopotamia no tiene nada que ver con Iraq. Aquí entra también para la evolución del escrito importante Ra᾿s aš-Šamra. El origen del alfabeto europeo no puede ser una localidad siria-árabe. El nombre Ugarit debe evitar asociarlo. La aculturación es el motivo clave de la presentación oriental por parte europea. Pero la consecuencia contenida en esta ideología científica no pudo faltar. La ciencia misma se guía a lo absurdo, se convierte en ciencia ficción.

El eurocentrismo no se deja esclarecer de forma idealista, solo de manera material. Refleja el vicio de la superioridad, de dominación mundíal y toma de posesión global. El eurocentrismo es la ideología del hombre blanco, centrado en la ventaja egoísta que ignora las necesidades de la sociedad conjunta y que desprecia los intereses universales. Persigue el provecho a corto plazo, burlándose de las estrategias de sobrevivencia de los demas. Es representado por Machiavelli, Hobbes y Nietzsche – no por Ibn-Sīnā, Farābī, Ibn-Rušd y Ibn-Ḫaldūn. El eurocentrismo a conseguido legitimar políticamente al hombre blanco como ser humano dominador/superior. El concepto de europa no es ya una dominación para un continente entre otros. El eurocentrismo es más bien una forma despectiva y despreciable de ver los pueblos y culturas no europeas; delata la complicidad entre la ciencia burguesa y el dominio imperialista. El eurocentrismo es el racismo en la ciencia.

2. Acerca de la crítica del positivismo histórico

El término positivismo dentro del sentido de esta teoría se deriva del Latín Positiva (pl) "hechos". Con ellos se expresan las aspiraciones y pretensiones de esta. Ella espera que una ciencia – en éste caso la Historia – se restrinja a la presentación de los hechos. Como nos ocuparemos a continuación de la crítica al positivismo, debemos preventivamente subrayar la afirmación, que el estudio de hechos no puede ser en sí objeto de la crítica. Es una reivindicación natural y generalmente aceptada por la ciencia, establecer lo autentico e indudable. La controversia epistemológica con el positivismo consiste más bien, como debe ser dispuesto el material fáctico hallado é interpretado y que consecuencias se pueden derivar, de ello. Mientras que el positivsmo se reduce a la tarea de la ciencia, a la constatación de lo positivo, es decir de los hechos, creo que es necesario desarrollar medios teóricos que permitan ordenar interrelaciónes, contextualizar, interpretar, dar sentido, y no por ultimo extraer consecuencias practicas de los conocimientos acumulados. En efecto, la fijación del positivismo a los hechos, ha llevado a la confirmación de una intrincada (confusa é inpenetrable) acumulación de información, que no pueden ser integradas en una visión de conjunto y por lo tanto no dejan reconocer un sentido trascendental. Ya a este nivel elemental de la discusión se evidencia la necesidad de una teoría. El vacío teórico del positivismo en relación al ordenamiento de hechos según categorías teóricas superiores, lleva a una disposición lineal de los resultados de la investigación, donde la casualidad de la fecha de aparición determina el enfoque de la publicación. A pesar de la exijida renuncia de emitir criterios para la revaloración de hechos (aquí determina la tarea de la ciencia, según la comprensión positivista). El positivismo involuntariamente (sin proponerselo) asumió una posición teórica. La ausencia de la teoría es una forma especial y particular de la teoría. Ella es la anti-teoría, entonces es a fin de cuenta una teoría (significa: una teoría no debe que tener una teoría). No se debe por lo tanto subvalorar las consecuencias que de esto surjan. La gente dispone de informaciones, pero no saben que consecuencias tiene esta cognición para su visión del mundo. El positivismo crea las condiciones para la manipulación de los seres humanos. Ellos reciben informaciones, pero ellos no disponen de un sistema abstracto que estimule su capacidad de crítica y de descernimiento. El positivismo ahoga la disposición a la reflexion de sus seguidores.

Resumamos algunos puntos importantes de crítica al positivismo histórico:

1. Según su autocomprensión, el positivismo debera reducir la presentación de los hechos para protegerlos ante la construcción de leyendas y de influencia ideológica. Paradojicamente la reducción positivista ha tenido el efecto contrario, por cuanto los lectores se aproximan al objeto, al hecho desarmados (sin armas teoricas), por lo tanto en realidad sus seguidores son mas manipulables.
2. El positivismo es un método reductivo, reproductivo! El historiador presenta Historia, para ello se busca fuentes adecuadas, se investiga el material. El positivista renuncia a la reflexion teórica y a la valoración socio-política del material; al final lo que le queda es la reproducción; se reproduce de nuevo todo aquello que muchos autores previamente ya han escrito.
   En consecuencia las partes que han sido ocultadas de la vista quedaran ocultas. Con una exposición tomada al pasar se reproduce también su subjetividad. Es por ello una ficción, que los positivistas entiendan sus métodos como protección contra la formación de mitos, de lo subjetivo y de la parcialidad del conocimiento. Conciente ó inconcientemente el autor descarta partes de la realidad y destaca otras. Una presentación histórica actúa como un haz de luz, que sobre ilumina puntualmente una zona, y deja el resto del espectro en sombras.

Círculo hermenéutico del positivismo histórico

la exposicion subjetiva en tanto que fuente es considerada como positiva (1)

los resultados dela investigación historica del positivismo (2)

multiplication (3)

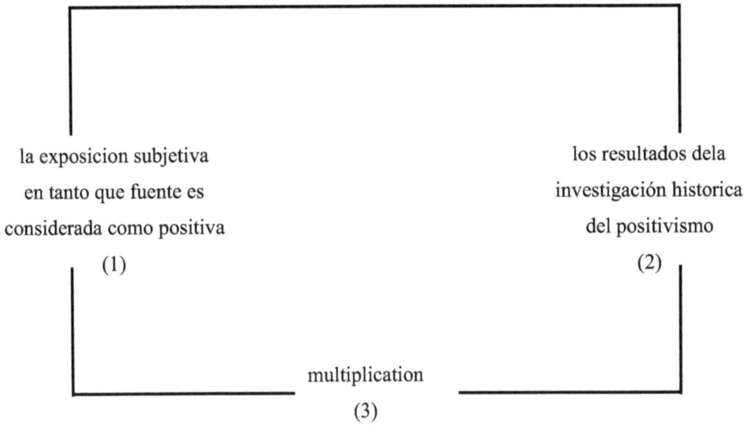

3. El círculo hermenéutico del positivismo histórico y la ilusión de la objetividad. El positivismo es la reproducción de una exposición manipulada, por lo menos subjetivizada.
4. El pensamiento positivista destruye el sentido histórico de la trascendencia de los procesos históricos y la cuestión básica fundamental de la causalidad. En el sentido del positivismo lo factual es circunscrito a un suceso puntual.
5. El hecho en sentido positivista no abarca el "contra hecho", por ejemplo, una conducta social como "callar", "rehusar" no constituye objeto del positivismo. Incluso cuando la trata, lo hace nuevamente de manera puntual, incidental (por ejemplo "no se sucedió ninguna reacción").
6. La historiografía positivista no ha considerado (ni remotamente) la *historia desde abajo*, porque no ha sido consignada por escrito.
7. No hay que subvalorar la cuestión de *la selección* de los hechos. Por lo general una época ofrece mas hechos de los que

un colectivo de autores puede tratar. La elección de los hechos es una cuestión teórica, pero también una decisión política. El positivismo se engaña asi mismo, cuando se adjudica neutralidad de valoración. La elección de los hechos depende de la conciencia de los exponentes contemporaneos y de los investigadores ulteriores. Según autodefinición propia, la demanda del positivismo se limita a la exposición de los datos, a la pura constatación del estado de los hechos, La renuncia apriori a los resultados teóricos rebasarian los hechos. El positivismo en rigor, ha devenido en "*negativismo*". Niega todo aquello a lo cual no puede hecharle mano por medio de la apropiación de la documentación (dossiers, actas). Con ello el positivismo responde a las espectativas de los dominadores: eliminar la realidad histórica por la vía de destruir la documentación.

La destrucción de la conciencia histórica

La inversión de esta tesis es el redescubrimiento de la dimensión histórica, tesis y antitésis serán tratadas en el primer punto del capítulo. "Teoría Universalista de la Historia", en la cual queremos demostrar la necesidad de una nueva comprensión de la historia y para ello desarrollar métodos adecuados de investigación histórica.

3. Crítica del "materialismo histórico" (como teoría histórica)

Distintamente al positivismo histórico la crítica del "materialismo histórico" se sitúa en la variación oriental del eurocentrismo.

1. "Desarrollo de fuerza productiva"

El punto de partida y eje central del materialismo histórico es el modelo para el desarrollo de fuerza productiva. Un procedimiento de producción determinado – en el sentido de Histomat han existido 5 tipos basicos – justifica las correspondientes relaciones de producción ("contradicción básica de la sociedad"). Las fuerzas productivas se desarrollan mas rápido que las relaciones de producción, hasta alcanzar una plena contradicción no conciliante entre las fuerzas productivas y las relaciones productivas. La consecuencia irremedíable es una revolución social.

El "progreso técnico" justifica aquí el término de investigación en general. Es este también el que finalmente pone en movimiento la actitud política y el actuar revolucionario. Esta tesis central del materialismo histórico lleva a dos consecuencias primordiales:

a) Que el desarrollo de fuerza productiva sea el verdadero motor de la dinámica de la historia.

b) Que el proceso histórico sea determinado objetivamente. El factor de sujeto se haya subordinado al factor del objeto.

Queda abierta la pregunta acerca de un verdadero sujeto histórico de la historia.

Estructuras sociales suelen introducir procesos objetivos que condicionen determinados desarrollos. Histomat ignora el que estas estructuras no se han creado de forma independiente de la voluntad humana. Una vez instauradas dessrrollan su dinámica propia. De igual modo no se debe olvidar que sean antropogénicas. En base a la teoría sobre el papel de las fuerzas productivas en el desarrollo, el factor subjetivo no ha obtenida la importancia necesaria en el materialismo histórico. Histomat presenta al ser humano mas como objeto que como sujeto de relaciones sociales. Esta interpretación se encuentra ya en Marx, que la ha documentado en su comentario previo a su "introducción a la crítica de la economía política". No es la conciencia de los hombres lo que determina su ser, sinó al revés: su ser social es lo que determina su conciencia. Hasta hoy la relación entre "objetivo" y Subjetivo no ha sido solucionada de forma satisfactoria en la filosofía. Como consecuencia de la tesis del desarrollo de fuerza productiva el marxismo postula la primacía de la economía sobre la política. Esta tesis ha sido analizada de forma decisiva por la tesis en el *Capital* de Marx.

2. Primacía de la economía

La estructuras sociales son determinantes para la sociedad asi que la política solo se rige en función de tales imposiciones. No obstante el materialismo histórico limita este primado a las clases sociales productoras de bienes y exige que en el socialismo se situe el primado de la política sobre la economía.

También en esta limitación la tesis resulta incorrecta. No hay duda que la base económica caracterizé y determine decisivamente la constelación política. Lo que no es correcto es la idea de un mecanismo económico. En el *Capital* Marx ha presentado el esbozo de una sociedad que se mueve dentro de las imposiciones económicas. A ello siguio por primera vez la economía nacional entonces enseñada en Inglaterra. Aunque acentua querer desarrollar una antitésis, no acaba de abandonar el terreno de este pensamiento económico. El mito de las "leyes en movimiento de la producción de bienes" se convirtió en la característica dominante del pensamiento de Marx.

A la economía marxista se le deben oponer aquí dos puntos criticos:

a) En la sociedad productora de bienes los intereses económicos y ambiciones determinan la actitud humana; aunque sin eliminar el pensamiento y el actuar conciente. La dominación de la economía no es absoluta, sinó relativa. Frecuentemente la economía tiene que obedecer a la política. La idea de "periocidades" es una ficción. La personas actúan de manera política; no obedecen ciegamente a las imposiciones de la economía.. Una "situación de crísis" como ejemplo no lleva automaticamente a consecuencia obligatorias. A las personas se les presenta toda una gama de alternativas de acción. Posibilidades de decisión existe al menos en una medida limitada. Una decisión sobre la guerra y la paz podrá ser influida por la economía pero finalmente será una decisión política. Reconozco no obstante que una sociedad cualquiera pueda "descender" hasta el punto de dejar libre el desarrollo a la economía de forma que las personas no tenga ya la fuerza para oponer a ello una corriente etica opuesta. Entonces el desarrollo esta determinado de forma objetiva, es decir que se mueve solo en función de las imposiciones de la producción y no de las necesidades de las personas. Pero no se debe olvidar que semejante proceso esta antropogenicamente (subjetivamente) permitido. Esto significa que las personas deben asumir la responsabilidad. En semejante sociedad reina el egoismo, las ganacias y los negocios sin escrupulos. Ese era también el clima social en el que vivió y actuo Marx. Desde el siglo 19 en europa la "la dimensión de los valores" ha desaparecido casi por completo.

b. En todos los tiempos ha habido tales fuerzas y movimientos socialcs quc han intentado y con seguido ponerle barreras a la "imposiciones" económicas e intereses de poder. A esto se agragan los "movimientos por la justicia y el reinado árabe", los "qarmaten", los "Chiliasten", "los socialistas utopicos" y muchos otros. Su influencia en el transcurso de la historia no podrá pasar inadvertido.

Incorrecta por el contrario es la crítica burguesa del marxismo que explica los procesos históricos de forma monocausal. Este reproche estereotipico muestra únicamente lo poco que los afirmantes han entendido el sistema de pensar marxista. ó lo reducen a un nivel que les permita especificarlo. Más bien el materialismo histórico ha logrado conectar entre sí diversos factores de lo que lo hiciera la ciencia social burguesa. Es justo que el materialismo histórico ha elaborado el modelo de la base y de administración superpuesta. En base a este modelo la base económica de la sociedad es primaria (no monocausal !), la administración secundaria. No solo la base decide sobre la administración superpuesta, sinó también lo contrario. La administración superpuesta debe coincidir con la base, aunque conservando su dinamica propia de forma que la base y la administración superpuesta pueda diferir una de otra – aunque sólo hasta un grado determinado. El materialismo histórico no es monocausal. En ayuda del método dialéctico he conseguido incluso interelacionar no solo factores relaciónados sinó también factores contrapuéstos. El estéreotipo ”monocausal” recae sobre los que lo declaran. La dialéctica marxista parece exigirles demasiado a aquellos que solo piensan en forma unidimensional.

3. “Toda la historia es la historia de la lucha de clases”

No toda la historia es la historia de la lucha de clases. Desde que Marx pronuncio esta frase (la primera fase del *manifiesto comunista*) es considerada como la piedra angular y el eje para interpretar la historia.. Sin lugar a dudas, las oposiciones de clase son una fuerza motriz en la historia, pero no son las unicas ni las mas importantes. A parte de la divergencia de clases existe el concenso nacional.. Mas importante que la lucha de clases fueron las guerras: nación contra nación. Las oposiciones de clases fueron subordinadas a las cuestiones nacionales. El agresor organizó las clases en su propio pais contra un enemigo exterior. El pais contrario tenía también que cerrar sus propias filas para defenderse del enemigo extranjero. La contradicción entre la dominación extranjera y la lucha nacional de liberación jugo un papel mucho más importante que la oposición interna entre clases. La estructura de clases incluso fué puesta al servicio de la expansión respectivamente de la defensa. Se refleja por ejemplo en la jerarquia militar.

En otro sentido la visión absoluta de la lucha de clases como fuerza motriz de la historia no tiene fundamento. Si partimos de la base de que la sociedad como forma de organización humana existe desde hace 40.000 años, mientras que las estructuras de clase surgieron hace apenas unos 5000 años (solo en la posesión privada de medios productivos, es decir de tierra y suelo). Si el materialismo histórico tuviera la razón en éste punto, la humanidad hasta entonces tendria que haber estado sin historia. De hecho el materialismo histórico sigue siendo su propia lógica y llega a la conclusión de que la instauración de una primera sociedad de clases seria un progreso. ("progreso en retroceso" ,Engels). Pero aquí Histomat se hace un nudo de cotradicciones. Por una parte la formación de clases es vista por una parte como una catástrofe ya que le acompañan la explotación, la opresión y tiene que ser combatida. Por otra parte fomenta el progreso de la humanidad (el marxismo entiende también aquí el progreso solo como desarrollo de fuerza productiva). Existe pués consenso en éste punto con el progreso desde un punto de vista burgués y tecnológico.

4. El teorema de las 5 épocas

Aprisionado al interior de su propio sistema el marxismo tiene que llevar sus reflexiones hasta el final – y saliendo de la propia lógica – encontrar la solución para la tragedia humana de la división de clases. De ahí se deriva la "tabla de las 5 épocas" de la historia de la humanidad. (estas son!) 1) comunismo en su origen, 2) sociedad sostenedora de esclavos, 3) feudalismo, 4) capitalismo, 5)socialismo. Bajo criterios de orden histórico-materialista cada época representa un progreso con respecto a lo anterior. La crítica del modelo de las cinco épocas se mueve a varios niveles. Con respecto a cada época en si cabe notar que han sido caracterizadas de forma equivocada.

i. " Comunismo en sus orígenes"

Existía una propiedad colectiva ó humanitaria de bienes productivos. Esta forma de propiedad no era ni propiedad privada, ni representada en un estado de posesión. El principio de la propiedad comunitaria estaba reglamentada por derechos de convención. Medios de producción importantes, especialmente nacimientos de agua, el suelo, la tierra y recursos naturales le eran distribuidas a las tribus de una region determinada. En éste primer orden social de la humanidad existían ya desigualdades, si bien no tan claras como en las sociedades de clases sucesivas. Las mas importantes son:

a. Diferenciación social surgidas por posiciones dependiendo de la situación estratégica, acceso a recursos naturales ansiados por todas las personas.
b. Derechos ventajosos de convención y privilegios.
c. Distribución de trabajo especificamente por el sexo.
d. Atracos y ataques por el bótin por parte de los mas fuertes contra los mas débiles, acumulación en situaciones precarias no como regla por ejemplo. En casos de sequias ó catástrofes naturales.

ii. Sociedad Esclavista

Se hallaban especialmente en Roma, Atenas y Esparta. La mayoría de los pueblos del mundo pudieron reducir la instauración de sociedades esclavistas – aún existiendo esclavos en algunas sociedades.

iii. Feudalismo

La formación aparente universal del feudalismo muestra en una comparación extraregional no pocas diferencias como factores unitarios. En la práctica de la ciencia histórica el término "feudalismo" no se muestra tan beneficioso. Los sistemas asi surgidos divergen en tal medida que la realización y nivelación de la visión política no es más clara, sinó desviada. La subsumación del feudalismo europeo y del orden social del califato bajo el mismo término créa confusión. En europa la servidumbre predominaba, en el Reinado árabe eran por regla general campesinos libres. En europa existía la propiedad privada, en el califato el suelo y la tierra eran propiedades del estado. Suponer un sistema universal del feudalismo reside en la inflexibilidad de los historiadores real socialistas a la hora de interpretar y analizar la respectiva época de una region territorialmente demarcada.

iv. Capitalismo

Por su característica es colonialismo e imperialismo. Ahí no obstante se sitúa en la tradición del imperio romano (bajo el punto de vista histórico-material sociedad esclavista), Bizancio y las cruzadas ("feudalismo en el sentido de histomat"). En vez de capitalismo se debería hablar más bien de "Colonialismo Imperialismo".

v. Socialismo

Este presupone – basándonos en la visión marxista – de forma irremediable el capitalismo. Nuestra investigación histórica no obstante prueba que la construcción del socialismo fué ansiado en todas las épocas y que durante mucho tiempo fué afrontado. Ahora el marxismo se encuentra ante la verdadera tarea revolucionaria-teórica de deducir históricamente y justificar ahora ya científicamente la ansiada sociedad social a diferencia de los social utopistas. La solución a este problema teórico la proporciona Histomat a través de una interpretación recíproca de la historia hasta hoy. La invención de las cinco épocas fué el primer paso. Cada época histórica es concluida por una revolución social que es suplantada por la proxima. Una de estas revoluciones es decisiva. Traza una raya final bajo todas las sociedades de clases e introduce la sociedad sin clases. Solo la última sociedad de clases el capitalismo, produciria la verdadera clase revolucionaria, el proletariado, el único capaz de acabar con el capitalismo. Puesto que el capitalismo depende de la clase laboral y esta obligado a proletarizar cada vez mas campesinos, crea las condiciones para la propia desaparición. "El capitalismo se cava su propia fosa". La revolución socialista es la última de todas las revoluciones". Se concluye la prehistoria de la humanidad; comienza su propia historia. (Marx).
No obstante, un conocimiento exacto de la historia lleva a otros resultados que aquellos reconocidos por el materialismo histórico. En todas las épocas de las sociedades de clases habia una gran disposición por el actuar revolucionario. Seguramente la situación de clases era un motivo importante para el levantamiento.

No obstante el acoplamiento marxista de la situación de clases y actitud revolucionaria representa un cortocircuito.La pertenencía a una clase explotada no justifica por sí misma una actitud política decisiva. No menos significativa que la pertenencia de clases es la "identidad". Una actitud insurgente se motiva sobre todo en una identificación de los insurgentes con un esbozo de vida determinado. Semejante concepto sociopolitico podría ser llevado por utopías, convicciones, visiones políticas, alternativas sociales,ideales, ó motivos religiosos. Los movimientos de justicia en la historia de los pueblos árabes fueron con una gran fuerza y desarrollaron un efecto movilizador importante. Iban mas allá de las clases. Seguro que las masas mas oprimidas y explotadas tenían la razón mas importante para la rebelion. Representaban la base social de la revolución y fueron ya siempre grupos destinatarios de llamados insurgentes; esto tiene sus buenos motivos. No tenían nada que perder salvo su miseria. De un cambio radical de la estructura social solo podran recibir algo provechoso. No obstante un "cambio" significa primeramente un cambio en la relación de las fuerzas. Esto no significa forzosamente una emancipación de toda la sociedad. Este problema el marxismo lo solucionó mentalmente a través de su análisis del capitalismo. En el proceso de una creciente concentración del capital y de la centralización de la producción se obtiene un amplia proletarización. Entonces una autoliberación del proletariado es comparable con una emancipación de toda la sociedad.

Esto contiene seguramente una oportunidad en caso de que este pronóstico se cumpla. El error mental de la teoría revolucionaria marxista consiste en que globaliza la sociedad y por lo tanto presentaba la división de clases de forma lineal. El marxismo asumió que un proletariado mundial se levantaria contra la burguesia nacional. No reconoció que la oposiciones de clase se subordinan a la división del mundo en norte y sur. Los trabajadores de las metrópolis se han convertido en un factor de poder del imperialismo en cuanto a subyugar a los pueblos: Por una parte fabrican armas con objetivos de invasión, y por otra emplean soldados de infantería para las guerras de agresión. Precisamente la tesis de

las cinco épocas demuestra el eurocentrismo del materialismo histórico. En caso de que asi sean las cinco apocas solo se dejan justificar dentro de la historia europea; y aquí nuevamente desde las tres ciudadades – Roma, Atenas y Esparta. El marxismo trata la historia de los pueblos no europeos con una arrogancia caracteristicamente europea. Marginalizá Africa y Asia. Marx hablaba del "*procedimiento de producción asiatica*" como esbozo contrario y regresivo en comparación al desarrollo europeo. El marxismo ni siquiera se esforzó por una caracterización de lo que el llamo "*procedimiento de producción asiatica*". Recordemos que el marxismo tiene la pretensión de una "categorización dialéctica" de los fenómenos, según la cual una aparición, una sociedad ó un objeto son caracterizados en base a sus contradicciónes internas y no en base a la forma externa. En el caso del "procedimiento de producción asiática" el marxismo no parece haber tenido necesario cumplir sus propias pretensiones. Pués ni siquiera correspondía al término geográfico (por eso no dialéctico): "procedimiento de producción asiatica" describe las relaciones de producción presentes en los cinco continentes y que fueron determinados por vastos territorios.
El materialismo histórico permaneció eurocentrista también en el hecho que ignoró las sociedades socialistas en la historia de los pueblos no europeos. Historica y universalmente hablando – la era socialista más larga en la historia de la humanidad fué la de los Qarmates durante docientos años. Histomat no ha tomado nunca en cuenta este orden social ni lo evaluó ni mucho menos analizó. La realidad histórica de esta sociedad contradice las tesis básicas del materialismo de corte europeo

5. Determinismo histórico

Como determinismo histórico se define la obligatoriedad histórica de ciertos procesos. La teoría de contradicciones fué interpretada en el socialismo real como la lucha de las contradicciones que no solo condiciona la dinámica de las apariciones, sinó que tienen que llevar también a consecuencias determinadas. Adoptada a la historia, la formación de la sociedad a raiz de la sociedad en

sus económico fué derivada como consecuencia obligatoria. De igual modo el paso de una forma de una sociedad a otra, pero también el orden de las épocas históricas fué extendido como "inevitable". Esta imágen ha marcado profundamente el vocabulario del materialismo histórico. Rara vez faltan expresiones como "una época suele estar en estado de la proxima", "salida del regazo de la época precedente", "crecimiento de una época a otra", "necesidad histórica" y otras más. No habría más que objetar a estas formulaciones si fueron empleadas descriptivamente. En el contexto de tratados históricos-materialistas sirven para describir la determinación e inevitabilidad especialmente de la secuencia de las formas de sociedad.
El historiador que hace una retrospectiva histórica reconoce una sucesión real de apariciones y sistemas sociales. La suposición filosofica-histórica que no habria podido acontecer diversamente es una conclusión precipitada. Lo que ha acontecido no habría tenido que acontecer irremediablemente. Solo sabemos que ha acontecido esta alternativa de acción y no otra. Pero no podemos decir que lo que ha acontecido tenía que haber acontecido. El principio del determinismo histórico se sitúa ya en Marx en el prólogo de la "*introducción a la crítica de la economía política*". El socialismo real lo ha convertido en dógma, pués asi aparece (el socialismo real) como una consecuencia irremediable de la historia. El que se opone a el, sirve a la contrarevolución. Es lógico pués que cada monografía sobre el materialismo histórico tenía que representar también el determinismo histórico.

II. Fundamentos de la "Teoría Universalista de la Historia"

Para mi la necesidad de una teoría independiente de la historia surgió del distanciamiento respecto de las en su mayor parte escuelas positivas ó neopositivistas de occidente, de los planteamientos materialistas-históricos de origen marxista y realsocialista, como también de las orientaciones tradicionales de historiadores árabes. La historia en tanto que especialidad como toda otra ciencia no es condicional. Criterios, visión del mundo, concepciones, posiciones, prejuicios y otras actitudes preconcebidas deciden acerca de la comprensión y presentación de la historia.

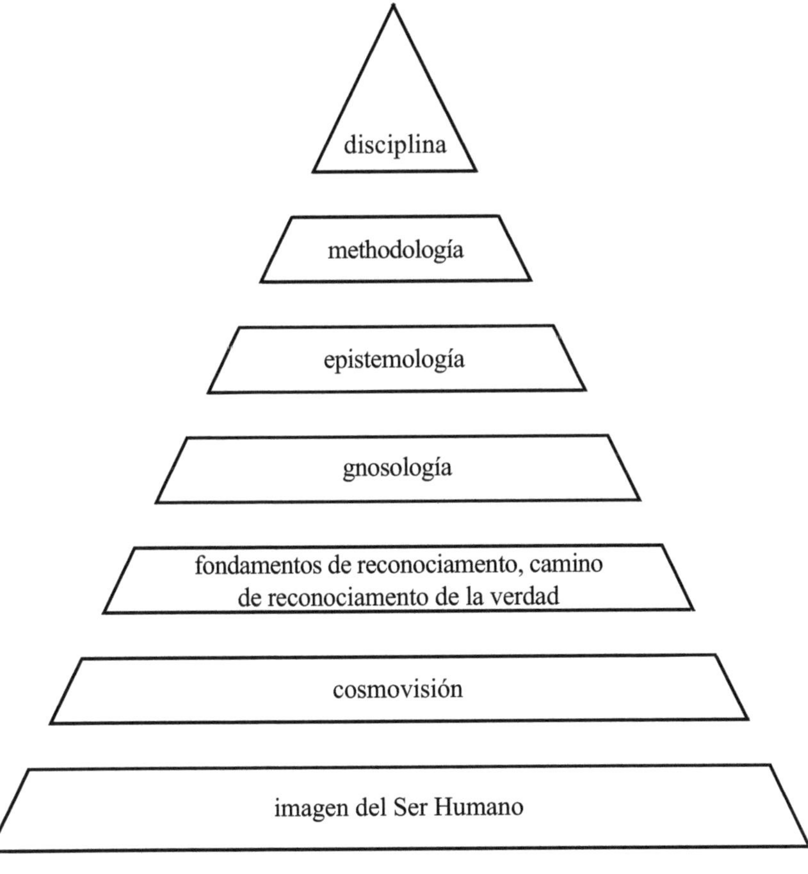

1.
Redescubrimiento y recuperación de la dimensión histórica

a. Destrucción: es inherente a la cultura burguesa, la destrucción sistematica de la memoria histórica. Naturalmente el curso de la historia tiene su lugar fijo en el currículo y horario escolar. El tipo de historia que es impartido no apunta a trabajar la historia, ó sacar lecciones de ella y a motivar a los educandos a la acción. La historia es transmitida como información puntual sobre el pasado, como una mirada retrospectiva sin referencia ó proyección con el presente. El sentido político de desvincular el presente del pasado consiste en no permitir poner en discusión, en no cuestionar el presente, es decir las condiciones de la dominación. Formulado, se podría decir que la materia de historia se concede, para satisfacer una necesidad de información, para que no surga ningun vacío. Lo que queda de la historia son datos aislados, hechos muertos, sin contextos, sin continuidad, solo con un vínculo formal al presente;una selección ecléctica de puntos álgidos y motivos que hoy se quieren funcionalizar para algun fin. Es paradoxal que la disciplina de la historia se operacionalize para desgastar la conciencia histórica. Los medios completan la imágen de la historia – ó mejor dicho – la ausencia de la historia. Cotidianamente salen nuevos diarios, ellos preparan las noticias en forma sensacionalista. Noticias aparentemente espectaculares ocupan los titulares. Personas de la vida pública aparecen en grandes imágenes, cuadros, fotos, dan respuestas y declaraciones relevantes, sin que su valor real corresponda al espacio otorgado. La capacidad de pensar de los receptores de la información es llenada con contenidos, que deben ocupar la conciencia, pero no cambiarla. Hechos secundarios deben de desviar sobre lo esencial. Raramente son mencionadas circunstancias (hechos) objetivos; generalmente son comunicados por ejemplo de politicos que opinan sobre problemáticas supuestas ó reales. Los niveles de la manipulación son diversos. En algunos consiste en ocupar el espacio informativo, por ejemplo para desplazar las noticias internacionales importantes. El cupo de los tres continentes en los reportajes es desproporcionada. La gran mayoría de la población mundial esta marginalizada, no tienen acceso a los medios y no se enteran de la política real y se quedan a la orilla de los reales acontecimientos. Una segunda técnica manipulatoria consiste en destruir la sensibilidad de lo importante y lo banal. Una "guerra" y un "partido de futbol" estan puéstos al mismo nivel. En parte el ultimo moviliza hoy mucho más. En tercer lugar esta prácticamente excluida la reflexion acerca de los sucesos, sobre todo en lo referente a sus antecedentes y consecuencias.

Al receptor que recibe las informaciones de los medios se le sugiere, que los sucesos que han acaecido justo antes de la emisión. La prensa aparece nueva cada día y transmite la impresión, como que se tratara de novedades diarias. La radio entrega incluso cada hora un nuevo servicio informativo, como que algo se hubiese iniciado dentro de las últimas horas. Palabra, sonido e imágen desacoplan la información de los antecedentes. Mientras que los receptores de la emisión créen informarse de ellos. La conciencia histórica es destruida diariamente e incluso cada hora. Desgraciadamente en el último tiempo se ha impuesto el método según el cuál, científicos jovenes, pero también antiguos, recortan diarios, seleccionan los fragmentos, abren archivos, para hacerlos valer como fuentes. La manipulación llega hasta la misma obra histórica, en base a la cual son instruidos periodistas, maestros y otros multiplicadores. El círculo hermenéutico esta perfecto. Seguido al naufragio del socialismo real, la cultura burguesa se siente suficientemente como para anunciar ofensivamente la supremacia y permanencia del capitalismo. Por ello es necesario mutilar las posibilidades de reflexión acerca de la historia. La situación coyuntural momentánea no debe aparecer como episodio sinó que como meta final del desarrollo humano. Las relaciones imperantes no deben ser presentadas en su breve vida, sinó en su duración. Los conocimientos históricos enseñan que – entre tanto – la transformabilidad permanente, de allí que la historia sea incómoda. La capacidad intelectual de pensar en grandes dimensiones, de comprender el proceso de larga duración y de captar los fenómenos en macro-categorías, son percibidos políticamente como factores moléstos, y por lo tanto,desmontados. Lo que queda es el pensamiento atomizado, la perspectiva estrecha, La miopía. En el fondo de una cultura ahístorica, para alguno puede parecer pausible conceptos como "poscomunismo", "fin del a útopia" y "fin del ahistoria". Junto con la conciencia histórica es destruida también la capacidad utópica de los seres humanos. La historicidad protege también el status quo, la conciencia histórica lo amenaza.

b. Acerca de la necesidad de lograr nuevamente la conciencia histórica: El ser humano es un ser histórico. Mas aún, la realidad total es histórica. La realidad se desarrolla dentro de dimensiones históricas de espacio y de tiempo. Comprender significa, entender el devenir de las cosas. No hay una alternativa para comprender los fenómenos, que no sea a través de su historización. Lo que resta – al excluir la aproximación histórica es solamente una contemplación artificial, puramente fenomenológica. Por cierto, existe una dimensión natural, que se mueve fuera de la historia humana. Pero el ser humano se puede ocupar de ella solamente desde su propia situación histórica.. La aproximación histórica a la realidad debe ser por cierto, operacionalizada primero metodicamente, para que sea utilizable y para que corresponda a las necesidades de cada disciplina. En lo que respecta a la disciplina de la historia, será expuesta mas adelante en detalle, por ejemplo la necesidad de deducir de abajo hacia arriba..

No menos importante es otro aspecto de la historización. La historización no sirve solamente a la comprensión teórica integrada de la realidad, sinó que también a su transformación, a su posibilidad de cambio. El ser humano solo puede intervenir en el ser activo, orientada y planificadamente si es conciente de su historia. Toda revolución comienza en el pensamiento histórico. No es un lujo efectuar en el marco de una obra histórica, reflexiones acerca de la filosofía de la historia y de los métodos de la ciencia de la historia. A ello se suma también la convicción y la necesidad de redescubrir la dimensión histórica desplazada. La recuperacion es hoy una tarea de primer orden de todas las ciencias;la existencia de una obligación moral junto a la busqueda de la verdad.Querer comprender la historia, no es solo un proposito del autor, sinó también de los lectores, para poder comprender nuestro presente y modelar el futuro.

2.
Que es la historia?
- Tesis acerca de la relación entre historia y tiempo

Un texto escolar para la disciplina de historia, actualmente en uso en las escuelas alemanas, lleva un título "*un viaje al pasado*". Los autores, seguro que con la buena intención, de hacer esta disciplina mas interesante a sus alumnos,cometen un gran error. Ellos contribuyen a la tendencia general, de destruir la conciencia histórica. Pués si es la historia un viaje al pasado, ella esta desvinculada de nuestro presente. Si definimos la "historia como la forma en que se mueve la sociedad", entonces no es ella un viaje al pasado, sinó que al presente. Para comprender esta tesis, hagamos una reflexion acerca de la pregunta: *El presente – existe este?*

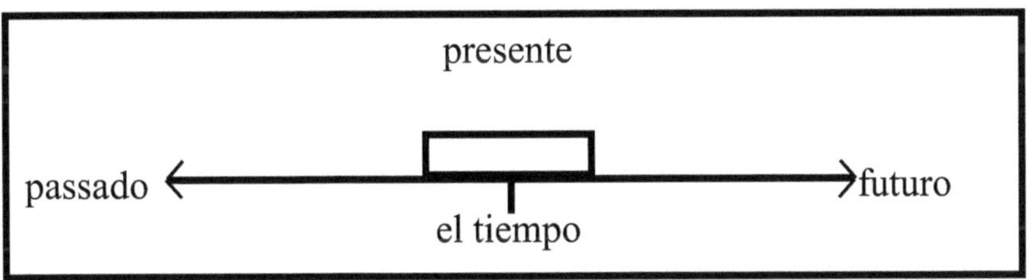

El presente es un instante de tiempo, que no existe realmente. Una unidad de tiempo, ó ha transcurrido y esta detrás de nosotros, ó no ha llegado y esta delante de nosotros.El presente existiría solamente, si fuera posible detener el tiempo. El presente es por tanto una invención. No existe fisicamente, sinó que históricamente. El se verifica por medio de la composición de una parte de pasado y una parte de futuro. Definido mas exactamente, no existen tres sinó dos dimensiones de tiempo; no pasado, presente y futuro, sinó solamente pasado y futuro. Una unidad de tiempo no se detiene jamas, por lo tanto no hay presente. A pesar de ello no es aconsejable construir artificialmente un "presente", para poder analizar una toma de un momento del ser humano. Es a partir de aquí que se hace evidente el gran significado práctico de la ciencia de la historia.. (si esta es tratada adecuadamente). También se pone de manifiesto a la inversa, cuan peligrosa es la destrucción de la conciencia histórica. Por cierto que la deshistorización no sucede involuntariamente. Existe un interés dominante, que se siente amenazado por el conocimiento mas exacto de la historia y que por eso práctica la falsificación histórica, engendra ahistoricidad y, favorece a una maquinaria científica que se autoasume como ahistórica. A ello pertenece la historia a un pasado separado conceptualmente de nuestro presente. Nosotros queremos contribuir al redescubrimiento de la dimensión histórica, a dejar que la historia resucite y a la reincorporación de nuestra generación al proceso histórico integral. Recien aquí se hace comprensible el concepto "historización", el significa: Historización del presente, aproximación histórica, para comprender nuestra realidad social actual. Desde que existe el "presente" este esta determinado por el objeto de la reflexion. El presente ruso por ejemplo, empieza con el derrumbe del socialismo real y el hundimiento de la Unión Soviética en 1990, No solo el objeto, sinó también el enfoque del observador detérmina el instante de tiempo, en el cual ha comenzado el presente en cualquier problema.

Cuanta historia es presente, depende del carácter del problema. Va un paciente al médico, lo primero que se le hace es levantarle una anamnesia. Una enfermedad infecciosa comienza con el contagio. En otro caso, un gérmen llega a ser virulento, porque encuentra un medio ya dañado. Entonces esta enfermedad no ha empezado con la infección de hace dos semanas, sinó que con un daño de la salud que existe desde hace un tiempo, por ejemplo desde hace dos años. Otras enfermedades tienen un presente existente aún desde mas tiempo, que puede alcanzar millones de años. Estas son por ejemplo aquellas que surgen en el terreno de la loca minores resistentiae (lugar de resistencia mínima). Se trata de partes del cuerpo anatomicamente débiles, especialmente predispuestas para alteraciones y cambios patologicos. Ellas surgieron en el curso de millones de años durante la evolución y antropogénesis. De un golpe se hacen presente en el caso de la hernia inguinal, por ejemplo. La representación de la Antropogénesis no es con eso un viaje al pasado, ella viene hoy a nuestro encuentro en la salud y enfermedad. La respuesta a la pregunta "Que es historia?" es pués: "Historia es el presente representado históricamente."

3.
Que es "Historización"?

"Histórico" no significa "geschichtlich"
A menudo en alemán éstos dos terminos son considerados sinónimos y frecuentemente son confundidos. La diferencia esencial puede ser descrita de la siguiente manera: "Geschichtlich" se refiere al pasado "histórico" esta en relación a la sociedad. Por otra parte éstos dos terminos se sobreponen, puesto que la sociedad actualiza la historia.

Que significa "historización"?

Ya que todo fenómeno tiene una historia, éstos se pueden captar optimamente a través de la historización. Se ha denominado historización ó aproximación histórica a la deducción histórica de los fenómenos. En consecuencia es la "historización" tanto una *teoría* como un *método*.

1. *objetivo*: los fenómenos se desarrollan continuamente; ellos pueden ser comprendidos solo mediante su desarrollo histórico.
2. *Subjetivo*: solamente por medio de la historización a nuestro entendimiento se forma una adecuada opinion del objeto.

Algunas consecuencias

1. Toda reflexion sobre la historia parte siempre del presente del historiador, indiferentemente, si esta ó no esta conciente de este hecho. La posición del observador en tiempo y espacio determina su comprensión de la historia.
2. La investigación de la historia establece como se ha llegado a formar nuestro presente, de donde provienen los problemas actuales y como pueden ser superados. ("referencia práctica de la historia").
3. La "historización (aproximación histórica) representa la vía mas óptima para la comprensión de los problemas y circunstancias particulares.
4. Los resultados de la investigación de la historia pueden ser confirmados, ó refutados, sometiéndolos a la comprobación con nuestra propia experiencia vivida.
5. Toda comprensión de la historia influye en la configuración del futuro, mediante la intervención social en el presente. Allí radica el significado revolucionario de la conciencia histórica. El análisis histórico debe orientarse según los siguientes principios y directrices.

4.
La factibilidad de la historia – Fuerzas mótrices objetivas y subjetivas, su interrelación

Un suceso tiene lugar cuando estan maduras las condiciones de su realización y una fuerza mótriz las pone en movimiento. Las cuestión de las condiciones y causas del desarrollo histórico constituyen el núcleo de la disputa entre materialismo e idealismo. Hay que agradecerle al marxismo, el haber puesto de relieve las condiciones del desarrollo social. Las categorías de "base y superestructura" se muestran de gran significado, son en cierta medida dos conchas de un mismo marisco. Con todo, tiende la escuela materialista a acentuar la parte objetiva en desmendro de la subjetiva. En mi libro "*Materialismo dialéctico y materialismo histórico*" he tratado a fondo esta discusión.

En "la historia de los pueblos árabes" (del cual "la Teoría Universalista de la Historia" es una parte) he destacado el valor subjetivo en la factibilidad de la historia sobre bases materiales.

A continuación será expuesto suscintamente la relación de lo objetivo con lo subjetivo en la factibilidad de la historia.

1. El ser humano se logra asi mismo y a su sociedad.
2. El proceso de la factibilidad de la historia no se lleva a cabo arbitrariamente, sinó que en dependencia de las condiciones objetivas. Sin las cuales la intervención humana en el curso de la historia no puede ser exitoso.
3. Una revolución social (un cambio social rápido) no irrumpe sinó cuando maduran asi mismo las condiciones subjetivas.
4. Las condiciones objetivas pueden ser influidas subjetivamente; su maduración puede ser acelerada ó enlentecida.
5. Los seres humanos velan concientemente por sus intereses. Ellos configuran la sociedad de acuerdo a sus necesidades. Allí los procesos sociales son determinados en dependencia a la correlación de fuerzas. La capacidad de imposición y las posibilidades de intervención de las clases,capas y grupos de interés no son magnitudes estáticas y no se desarrollan linealmente, sinó que dialécticamente.
6. La diferencia principal entre el marxismo histórico y la tesis por mi presentada, consiste en que la primera escuela mencionada parte de la "*primacía de la economía*" y yo en cambio de la "primacía política".
7. De allí que yo sostenga, que la base económica es determinante para el desarrollo social. Y que los intereses materiales de las personas lo sean para su accionar.
8. En consecuencia, la sociedad no se desarrolla arbitrariamente sinó que en dependencia de las condiciones objetivas y subjetivas. Este desarrollo no esta predeterminado, esto significa

que una formación social no tiene que transformarse obligatoriamente en la otra (como lo sostiene la concepción marxista). Que haya ocurrido un determinado proceso histórico, no significa que el desarrollo histórico no hubiera podido ocurrir de otra forma.

5.
Teoría de las ondas largas

Un suceso histórico cualquiera repercute una onda física que tiene su punto de partida en un lugar determinado se propaga infinitamente. El desarrollo de su fase senoidal se constituye mecanicamente y obedece a leyes físicas. En la historia aparecen desarrollo ondulados. La onda fisica como comparación nos sirve en éste punto, para que nos podamos imaginar los acontecimientos como sucesos puntuales. (asi en el positivismo histórico) ondas históricas marcan el desarrollo de la historia.
En la aplicación de las ondas físicas de comparación se debería desde luego cuidarse de no adoptar una concepción mecánica del mundo (asi como en ciertas escuelas de comprensión de la historia materialista). En la aplicación de la teoría de las "ondas largas" nos interesa la pregunta sobre el origen de una onda cualquiera. De hecho, se evidencian ciertos puntos ó lugares adecuados para el impulso ó nacimiento de una onda. En la busqueda del punto de partida de una "onda larga", el historiador se ve a menudo arrastrado hasta egipto.

Se conforma Egipto como un poder regional, asi aprovechara una vasta región de ese poder. Caé Egipto asi caéran, una a una las regiones que lo conforman.
Hasta 1879 conservo Egipto su poder regional. Bajo el mando de grandes politicos como: Muḥammad ʿAlī (1805.1849), Ibrāhīm (st.1848) y Ismāʿīl (1863-1879) se conformó Egipto como una potencia. Esta situación protegio a Asia y Africa contra el avance del colonialismo europeo y solamente con la eliminación del

poder egipcio fué posible para el colonialismo europeo poner un pie en Asia.

1831-1841 Union de Estados árabes con cede en el Cairo

1841 Retirada de Egipto del este árabe

1848-1849 Enfermedad y muerte de Muḥammad ʿAlī

Sucesos paralelos:

Avance del colonialismo europeo en Asia

1848/49 Inglaterra estabiliza su dominio en la India

1878 Congreso colonial en Berlin

1879 Desestabilización de Egipto y destitución de Ismāʿīls, imposición del marioneta Tawfiq's como Rey a favor de inglaterra.

1882 "Ruin of Egypt". A través de la invasión y agresión Inglesa. Este hecho se constata no solo como una tragedia para egipto, sinó como una catástrofe para toda Africa. El bastión Egipto caé y asi el muro de protección. Con ello estaban las abiertas las puertas en el corazón del continente africano.

1884 Congreso del Congo en Berlin.

En el positivismo aparece una crónica como un amontonamiento casual de datos. A la teoría de la historización le interesa hacer un enlace de los acontecimientos y hacer valer la lógica de la historia.

Sobre la teoría de las ondas largas

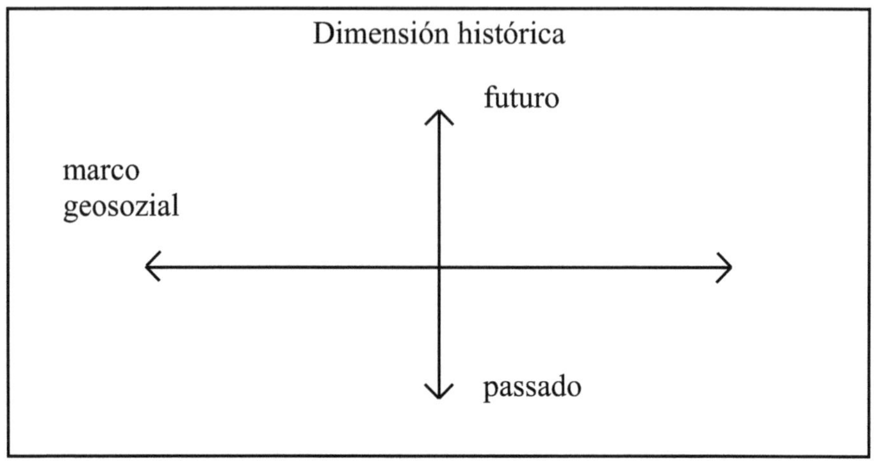

Explicación del gráfico: Un acontecimiento en cualquier parte del planeta (linea vertical) en un punto cualquiera de la historia (linea vertical): repercute: En un marco, eso significa geosozial, universal (linea horizontal), y histórico (linea vertical). Un suceso puntual podría ser imaginado pequeño; su efecto quedara bajo el umbral de la conciencia y solo la suma de éstos hara visibles los pequenos fenómenos. La trascendencia del acontecimiento es sin duda predecible.Las olas continuan golpeando (teoría de las ondas largas) en la historia en el sentido contrario. Como otras ondas en su transcurso hay ondas por ejemplo que influyen, debilitan ó fortalecen, avanzan ó disminuyen. La capacidad de las ondas tienen valor neto – dicho de una forma abstracta – lo cual viene establecido: (a) de su misma energia E de la onda e, (b) la resistencia opuesta R la misma onda aumentara su energia a través de la suma de otras ondas E+E+E..., respectivamente será debilitada a través de la emanación de otras resistencias R+R+R...

Una ondulación histórica tendra que verse en su transcurso, tanto *vertical* como *horizontal*. Eso significa, que ella se propaga por un lado geografica como históricamente. Tanto en el espacio como el tiempo. Un suceso histórico repercute a lo largo y ancho en la vasta lejanía.

No todas las regiones poseen la misma concavidad ondular, hay otras donde las ondulaciones son mas débiles ó mas fuertes (eje. "colonialismo" en su efecto para los pueblos subjugados por una parte y en europa por otra parte). El suceso alcanza su efecto en la dimensión del tiempo, también allí, donde el enlace a primera vista no es visible o se manifiesta. El curso de las ondulaciones en el espacio nos lleva finalmente hacia al postulado del "*Universalismo*" como principio histórico, durante el cual el tiempo nos lleva a entender la historia como un *proceso de largo tiempo.*

6.
Universalismo

Universalismo significa que la historia presenta un proceso histórico global unitario. La contemplación histórica univesal no excluye las particularidades de la historia regional. La tarea de la ciencia histórica comprende las asignaturas históricas las cuales entre otras cosas

se ocupa de la integración de sucesos de las diversas áreas de investigación.

La historia regional debe verse en relación al proceso histórico global, por ejemplo en cuanto a sus efectos sobre la historia mundial. La historia se debera ver menos como la suma de desarrollos regionales, si no por el contrario se deberan analizar sus efectos y causas. La contemplación histórica universal tiene en consideración como los segmentos singulares del globo se influencian mutuamente, como convergen ó se oponen. Universalismo como actitud histórica

Teoría no es un lujo, sinó una necesidad. Se impone un accionar inmediato para escribir la historia de forma nueva bajo el aspecto universalista.Esta necesidad se motiva de la manera siguiente.

Como historia es la historia de la dominación y oposición.

El marxismo se reduce a la pregunta de la división de clases y deduce las luchas de clases como fuerza animadora de la historia. El feminismo se centra en la división entre sexos ó sexismo y dedujo de ello el paso de la historia. Las escuelas de historia de carácter psicoanalitico consideran la represión de instintos como la fuerza animadora del desarrollo de la cultura ("toda historia es la historia de la represión de instintos y de desarrollo cultural", Herbert Marcuse). Es verdad que no se puede negar la parte jugada de estas contradicciones en el proceso histórico. El error principal de escuelas mencionadas consiste en la exclusión del factor englobador, que es la verdadera fuerza de avance en la historia., es decir la expansión y la opresión ó la contradicción entre una dominación extranjera y la resistencia. Ignorado este factor supuesto que determina la dinámica de la historia, aparece de lleno el eurocentrismo de los autores. (El interés eurocentrista consiste en ocultar al menos en relativizar los crimenes del colonialismo. Es decir que la historia local tuvo su lugar bajo dos aspectos relacionados uno con el otro que al mismo tiempo se excluyen. En el primer caso se organizó una formación solo para expanderse y oprimir a otros. La sociedad ó comunidad de personas afectadas se organizó para defenderse. Contrariamente al marxismo que ve la contradicción de clases como la contradicción básica mas esencial, aquí se representara el punto de vista que la organización de clases sirve a la preparación y realización del verdadero objetivo, la dominación y explotación de otros pueblos. La clase obrera oprimida y explotada de Marx se debera ver también como el explotador que se expande. Marx vió la clases obrera solo en la producción y los dividió entre "ejército de trabajadores activos" (ejército en esta frase marxista no militar, sinó en cuanto a funcionamiento) y "ejército de trabajadores en reserva" (este término marxista significa desocupados). Correcto es sin embargo que el "ejército obrero" marxista era un verdadero ejército en el sentido militar, que fuera de los tiempos de guerra se encontraba activo en la producción, para producir esencialmente para la guerra.
Para impedir un posible malentendido se ha indicado que la contradicción "dominación extranjera y resistencia" no es la unica,

sinó la justificación mas importante del universalismo. Antes de la intervención europea (y luego la estadounidense) en la política mundial los pueblos por lo general no se encontraban en guerras reciprocas, sinó que mantenían juntos relaciones de buen vecino, motivados por un entendimiento mutuo e intercambio pacifico de bienes e intereses. Por eso como segunda justificación del universalismo en cuanto a la importancia deben de verse el conjunto de las experiencias históricas de los pueblos. Es inadmisible que la historia de una sociedad sea presentada como un sistema cerrado. Incluso para América antes de 1942, en ese sentido Australia y otros países se trata de hacer la conexion, pués la desconexion de los continentes nunca fué completa y tanto menos por largo tiempo.

7.
Procesos a largo término

El positivismo histórico condiciona la parcialidad en cuanto a tiempo y espacio de la visión histórica. Se pierde el sentido de las interrelaciones. Se destruye el pensamiento en determinadas medidas. El positivismo logra únicamente presentar una historia a corto plazo. Se trata de volver a redescubrir la dimensión histórica y de mostrar la historia de una manera nueva como proceso a largo término.

Una generación humana nace en una realidad social determinada. Limita su grado de libertad sin darle fin. De esta realidad parten dominadores y dominados. Un examen mas minucioso de esta dinámica externa de la historia descubre una y otra vez procesos ocultos perseguidos a lo largo de generaciones y que solo a largo término se transformaron en nuevas cualidades. De la acumulación de acontecimientos puntuales se forma una nueva ola/onda que partiendo del lugar local se expande primero a nivel regional y después universal. La historia de la humanidad muestra en sus lineas esenciales una continuidad con un alto grado, que sin embargo ha sido destruido de nuestra conciencia. La historia no se compone solo de interrupciones y descontinuidades, sinó también

de continuidades de desarrollos a largo plazo. Existe una dialéctica entre la continuidad y la descontinuidad. En la historia, la transformación de nuevas cualidades no sucede asi de pronto (asi como de la nada) sinó que surgen de un largo tiempo de lactancia. La continuidad es determinada por condiciones objetivas. Es condicionada por la forma de producción, la cual sigue estable en caso de progreso de los medios ó instrumentos de producción. La continuidad esta determinada a través de la estabilidad de las clases sociales. Cambian las dinastías. Permanece la clase dominante. Los productores siguen siendo productores. La estabilidad de las estructuras de clase sigue siendo mantenida a través de siglos. La continuidad no significa que la historia se para. Es la continuidad del movimiento.
Continuidad significa la reproducción de idénticas, pero no de las mismas condiciones. El cambio puede ser tan diminuto que queda oculto. Entonces el cambio cuantitativo se convierte en un cambio cualitativo. El cambio no sucede de forma confusa, sinó interrelacionado, progresivo. Los campesinos y otros empleados en empresas se han proletarizado. La clase obrera se reproduce en la población trabajadora. La viscosidad no hace saltar las fronteras de clases; representa diminutas desviaciones que prueba la estabilidad de la globalidad de las estructuras de clase.
En los procesos a largo término se sitúan las luchas. Se integran los dominadores y los ejércitos. La batalla esporadica es nueva. Personas importantes se suman a los procesos en curso. Los que tienen en el poder vuelven a crearlos, pero ellos mismos son creados por condiciones ya preexistentes.

Resumen – Presentación de la historia como proceso a largo término

La historia en épocas y sucesos a breve término son dos aspectos complementarios de la presentación histórica. Continuidad no significa el estancamiento de la sociedad, sinó un tiempo de lactancia de lineas que evolucionan como desarrollo, progreso e incluso saltos. Este entendimiento justifica la necesidad de una presentación de la historia en procesos a largo término. A éstos siguen desarrollos a lo largo de los siglos y milenios hasta su transformación cualitativa. De lo contrario la transformación de cantidad en calidad aparece como un suceso inmediato. Sin presentar la historia en interrelaciones a largo plazo y procesos de grandes dimensiones esta aparece como interrumpida y fragmentaria.

8. Historia de lo cotidiano

Un gran acontecimiento surge como consecuencia del amontonamiento de sus pequeños componentes y unidades elementares. No sucede sin historia previa. Bajo este aspecto se debe analizar la historia de lo cotidiano.En ella se cumple el pequeño desarrollo cualitativo – que al ser visto con ojos desarmados – por regla general no es objeto de la presentación histórica.Los historiadores suelen centrarse en los sucesos visibles y a menudo pierden de vista los desarrollos graduales y cuantitativos, sin los cuales no existirían saltos cualitativos.

Historia de lo cotidiano significa también una *historia de cotidianidades*: formas de comunicación relaciones interpersonales, comer, beber, dormir, ir, hacer, no hacer, jugar bailar,cantar. No en breve todo tiene su "pequeña" historia, esto contribuye no obstante y significativamente a la historia en su totalidad y debe por tanto ser historizado. Para la investigación, evaluación y presentación de lo cotidiano se deben desarrollar nuevas vías, especialmente en cuanto a métodos de "*descripción densa*". Los viejos egipcios han sabido muy bien documentar su cotidianidad de tal forma que hoy no es impactado con claridad y evidencia.

9.
Historia de abajo

Mientras que la historia de las dinastías estaba muy bien documentada, no ha habido algo paralelo para la historia de la clase obrera y campesinos. Si bien numerosos documentos datan de lo cotidiano y de los procesos de producción, no existe una versión sitematica de los movimientos de abajo y de la vida en el pueblo. Debemos desarrollar pués métodos especiales que consigan recoger la historia desde abajo.

Razónes para la linea tendenciosa de la situación de fuentes

La imágen de historia transmitida y aún vigente en instituciones burguesa de enseñanza. Es por lo general una historia desde arriba. La historia de los dominadores se ha convertido en la historia dominante. La historia de los pueblos, esclavos, campesinos y otros productores apenas ha sido escrita. Los empleados aparecen asi como sin historia; como si la historia estuviese solo hecha desde arriba. El lema burgués habla de la "masa sin historia". El silencio de las fuentes en cuanto a los empleados como sujeto de la historia tiene sobre todo los siguientes orígenes:

1. Los escribientes de la historia eran frecuentemente cronistas de la corte, que no escribieron el punto de vista de las masas. Sus obras sirvieron a la legitimación de la dominación.
2. A las masas trabajadoras les fué negada la enseñanza de las técnicas culturales – leer, escribir,aprender a sumar – de esa forma se les dificultó la propia presentación de la historia.

3. Es cierto que los opositores del sistema se esforzaron por una presentación histórica integrada ó incluso dialéctica. Pero frecuentemente fueron victimas de las tiranías opresoras, de tal manera que sus obras terminaron en la hoguera.
4. A los historiadores posteriores les falto la conciencia de que los pueblos determinaron el proceso histórico y de que hay una historia desde abajo. Si aún hoy los historiadores burgueses le niegan a los esclavos, a los campesinos y a los trabajadores su capacidad histórica, entonces tampoco investigaran su historia. La unilateralidad de las fuentes se ha convertido en la unilateralidad de los investigadores históricos.

Fuentes de la historia desde abajo

1 La formación de la historia predominante le sirve a la lectura dialéctica y al análisis como fuente de la historia desde abajo. Cuando por ejemplo: "Un general en la region... ha vuelto a poner orden" significa que en esta region ya ha habido revueltas. Se pone la pregunta por qué y quiénha provocado "revueltas". En los mismos archivos oficiales se buscan las causas; pero archivo de los servicios secretos cae raramente en manos de los historiadores.
2. Decretos, condecoraciones y otros documentos oficiales se cuentan entre los documentos históricos mejor conservados. Si los historiadores presuponen que éstos no se sitúan en el espacio vacío sinó que suelen reflejar una contradicción de clases, entonces se esfuerzan por la construcción de la parte mantenida oculta de la contradicción social.
3. podemos reconocer acciones desde abajo indirectamente por las reacciones desde arriba, por ejemplo La opresión de la resistencia, las medidas represivas, las intervenciones militares en áreas insurgentes.
4. Movimiento de ingresos y presupuéstos estatales. La administración financiera del Califato estaba bien organizada estaba optimamente documentada. Aumento ó desminución

de ingresos del *bait al-māl* pueden ser muy significativos en cuanto a movimiento desde abajo y estar en el Rīf. La pregunta en cuanto a los orígenes de éstos movimientos es una lógica, p.ej, reacciones por cosas de impuestos.

5. En una parte de los historiadores se encuentran indicaciones sobre las luchas de clases y globalmente sobre la vida de las masas trabajadoras.
6. Excavaciones arqueológicas en los territorios de trabajo y de vivienda de los trabajadores traen a la luz bajo el aspecto "historia desde abajo" valioso material histórico útil.
7. Folclor, Arte del pueblo y el culto de los explotados y oprimidos permite conclusiones valiosas sobre la vida, su accionar y su lucha.
8. Análisis de su idioma.
9. Acercamiento dialéctico al transcurso de la historia (materialismo histórico) permite la conclusión de la contribución de los pueblos, mantenida oculta como real sujeto de la historia.

Un ejemplo para las ondas históricas desde abajo.
La intifada del pueblo palestina: El 8 de diciembre de 1987 fué proclamada la intifada en plena conciencia de relaciones fuerza de la supremacia sionista por un lado y la inferioridad de los palestinos por otra. Las personas en el área insurgente partieron de la base que ellos irian primeramente como ejemplo hasta que la intifada creara olas mas allá de Palestina. Entre tanto y de hecho cada vez mas personas y pueblos han seguido el ejemplo de los palestinos. Hoy la intifada no le pertenece solo a los palestinos. Se ha convertido en la manera de vivir de los oprimidos en todo el mundo. En poco tiempo el término intifada ha entrado en las lenguas del mundo.

10.
Rīf

La historia del Rīf no ha sido escrita. La historiografía no solo se ocupa de las ciudades, y en estas solo de aspectos parciales. Excesivamente representadas estan aquí las capitales y de nuevo las Residencias.Pero exactamente esto es lo que caracteriza la presentación moderna burguesa de la historia de las dinastías. Para poder presentar la historia del Rīf, se deben descubrir y adquirir recursos mas incisivos. La recopilación y evaluación de traducciones, normas, costumbres, dias festivos, costumbres de culto y transmisiones familiares pueden ser vistas como formas especiales de las fuentes históricas. Especialmente el análisis del árabe – Rīf transmitia mucho de la historia viva de la comunidad del pueblo. Se han documentado multiples formas de resistencia del pueblo contra recaudadores de impuéstos e invasores.Un dicho dice por ejemplo: "*Mayya min taḥt tibn*" (una fosa es llenada con agua, después cubierta con paja, de forma que los atacantes se caen irremediablemente en ella) y documenta asi una técnica específicamente campesina de defenderse.

11.
Historicidad de la cultura de resistencia y de Intifadas

La historia árabe es una historia de resistencia. Sin participar al menos con la mente en la intifada como "forma de vida de los oprimidos en la resistencia" escribir historia sobre la sociedad árabe resultaria una farsa. La cotidianidad social con su riqueza en cultura y política se le escapa a los investigadores históricos si éstos la examinan sin la facultad necesaria de adentrarse en ella. Es comparable con una visita privada. Cuando los anfitrionen se dan cuenta de que el extranjero no se comportan con medida entonces se cierran y le muestran solo la fachada, que muestra una realidad engañosa.

Los movimientos de justicia y las corrientes de la oposición caracterizaron continuamente el escenario histórico árabe. Se han integrado en la estructura de la personalidad del individuo y se ha convertido en parte cuantitativa de su socialización política. Prácticamente el niño ya toma la cultura de resistencia con la leche de su madre y va creciendo asi en la Intifada. Los padres le ponen nombres de combatientes a sus hijos y los educan en la insubordinación y desobediencia contra el estado explotador. Los valores y medidas transmitidas en el proceso de educación se orientan en el grado de compromiso político, por ejemplo "*la yaqbalu aḍ-ḍaim*", "(el hombre), que no admite opresión". Mas todos los adolecentes cuando se organizan – reciben seudonimos para no ser descubiertos. Hay muchas personalidades de quienes no sabemos cual es el verdadero nombre y cual el seudónimo y si este y aquel son idénticos. En épocas tumultuosas la situación del material resulta muy intrincado, de forma que el historiador no puede opinar certeramente en cada caso quién es quien. Consultemos cualquier obra europea sobre la historia de los árabes. Oposiciónes significativas y movimientos por la justicia que han caracterizado épocas enteras son ignoradas del todo y no se encuentran ni en parte mencionadas por el nombre. No obstante los libros llevan títulos escrupulosos como "Historia del mundo árabe". Una obra histórica se convierte en una agenda invertida hacia el pasado. La duración de la Intifada crea subversión rotunda, ó al menos cambios importante durables. Tales transformaciones no son palpables para el historiador positivista, quiénse limita al "suceso" porque el "positivismo" ahoga. Solo esto le resulta accesible y le parece apto para la historia a su entender histórico. El positivista histórico no consigue medir tiempos de lactancias, registrar cambios diminutos durables. Su historiografía conoce esencialmente solo la calidad del hecho. Cantidades y desarrollos invisibles sin los cuales no es posible un cambio cualitativo no son perceptibles con el método positivista.Cambios diminutos se hallan por debajo del nivel de conciencia de los positivistas históricos, que registran únicamente los tambores.Hace falta un acceso altamente sensible a la historia de los pueblos, para poder

deducir sus acciones históricamente registrable de su cotidianidad – algo que le parece insignificante al escribista positivista. De hecho la investigación de la realidad de lucha de los pueblos necesita un método independiente. Quién no esta adaptado y, aún opone resistencia vive de forma peligrosa. Surge una Subcultura. Su sentido político consiste en que se escapa de la represión de la dominación. Pero entonces también le resulta invisible a los historiadores. Por otro lado movimientos por la justicia han sabido transmitirle su declaración de resistencia a sus receptores y grupos destinarios. Entonces también hoy necesitariamos tener acceso a ello. Movimientos insurgentes se han presentado hoy de manera escrita incluso excelente y en detalle. En tiempos de la restauración no obstante su crear literario cayo victima de la destrucción de los libros. La mayor parte esta pérdida para siempre. Con ello los levantamientos no existieron nunca para los positivistas; cada autor que deja de lado esta realidad tiene incluso un alibi.
El objetivo de investigación en cuanto a hacer un esclarecimiento de la cultura de resistencia y de las Intifadas de hecho no se puede lograr con medios burgueses de escribir historia. Hacen falta nuevos métodos. Pués finalmente fueron las resistencias las que cambiaron los sistemas de dominación e hicieron historia. Uno de los métodos necesarios ya lo he propuesto, puesto en práctica y descrito en el lugar correspondiente. Métodos ulteriores deberan aún ser investigados y experimentados. Nuevos métodos especiales que deberan ser probados en la realidad e incorporados. La interrupción no es nunca absoluta, sinó siempre relativa.Las tradiciónes raramente se pudieron mantener por escrito, frecuentemente de forma oral ó como formación, por ejemplo en forma ceremonial. De gran relevancia son los mitos con su amplia variedad, que bajo este aspecto apenas han sido examinados. Por su estancia y transmisión cuidadosa se pueden ver como una fuente fiable siempre que sea interpretada correctamente. El simbolismo, las imágenes y misterios contienen informaciones muy viejas e incluso normativas que pueden ser descifradas solo con medios adecuados. Algunos grupos del pueblo, subculturas, tribus del desierto y comunidades de montaña pudieron conservar mucho

hasta hoy.Especialmente el Rīf contiene fuentes inagotables. Muchos otros casos se disimularon como cofradias religiosas, juegos y eventos periódicos. No insignificativas son tradiciones familiares. Un ejemplo significativo es la transmisión calamista aún no escrita en su mayor parte, que presenta una amplia variedad e riqueza importante. Finalmente la lengua y el vocabulario son fuentes vivas para conocer épocas pasadas, hay testimonios que se han mantenido por vías indirectas hasta el presente. De todo esto se derivan nuevas posibilidades para la investigación que no han sido usufructuadas en sus comienzos. En la conciencia del ser humano moderno las transmisiones orales cuentan como sinónimo de lo no fiable ("es decir" significa "no seguro".) Es distinto el valor de las transmisiones orales concientes a través de las generaciones. El autor ha sido corregido frecuentemente en comunidades de pueblos cuando ha citado tales tradiciones como no exactas.En parte lo oral solía presentar mayor exactitud que lo escrito (por eso los positivistas que tienen especial inclinación por la historización son invitados a hacer uso de éstos métodos). Sea mencionada al final una sorpresa particular. Fué una casualidad que descubriera bajo este aspecto una fuente pasada desapercibida. Viajeros de países lejanos han visitado la region árabe e informado al respecto. Al estar sus impresiones contenidas al lado de otro material no fueron utilizadas. Asi por ejemplo fué encontrado el informe de un visitante Persa del territorio de los qarmates que contiene detalles desconocidos. Puedo imaginarme que las fuentes asiáticas y africanas hayan conservado otras más. Debido a que la restauración no pudo ir mas lejos y las fuentes no árabes escaparon mas facilmente a la censura.

Un movimiento insurgente cambia la sociedad en todo caso. Pués ya han transformado a sus portadores, pués de lo contrario no se habrian decidido a la resistencia. En que medida y de que forma la realidad de la lucha cambia la sociedad depende de muchos factores: La relación de fuerzas, el grado de organización, el carisma general, las condiciones objetivas y la característica de las predisposiciones de los sujetos. Una sociedad se desarrolla

en la lucha por el poder en el estado entre clases enemistadas. Los resultados de la lucha de clases no estan determinados. La necesidad de actuar, el entendimiento público y la necesidad de cambios – y en la parte opuesta – la capacidad de los dominadores de hacer reformas en las que su objetivo es quitarle la iniciativa a las masas y canalizar la lucha a su favor, forma parte de las cuestiones detalladas que deciden sobre la suerte de la lucha de clases.Finalmente depende de cual de las dos clases aprovecha mayor su situación de partida, sabotea mejor las tacticas enemigas y optimiza su estrategia de lucha. Victoria y fracaso se relacionan con preguntas principales de la teoría y la práctica de la revolución. Pero también aspectos parciales son decisivos: Pactos, conceptos,programas, evaluación realista de las fuerzas individuales, fuerza de decisiones, voluntad de actuar, capacidad de imponerse y perseverancia hasta abrirse finalmente paso. He intentado dentro de lo permitido por las fuentes a mi disposición ,analizar únicamente las revueltas por ejemplo Zing ó los Qarmates. Algunos de éstos movimientos pudieron mantenerse hasta unos docientos años. Es decir que no se trataba de episodios (lo que no significa que no estaba al alcance de la vista). Generaciones se han sucedido una a otras en nombre de una sociedad igualitaria de los Qarmates; es decir que generaciones enteras no han vuelto a vivir la lucha de clases con su propia carne. Después no obstante acontecio un retroceso contrarevolucionario que aniquiló la sociedad y establecio el poder de la desigualdad.
Justamente es en éste punto que mi conferencia será interrumpida por una estudiante, la cual pregunta, que como es posible que el orden social peor venza el mejor. La respuesta a una tal pregunta no es solo tarea de investigación histórica empírica. Se deben hacer reflexiones teóricas.

ʿahd, waṣṣiyya – Union, Legado, Testamento

ʿahd: La traducción alemana se conoce del contexto bíblico "antigua" y "Nueva alianza". En realidad no existe un equivalente alemán para ello "Testamento" es una traducción cohibida.Para el ʿahd es el compromiso mutuo a realizar ciertos objetivos sociales en base a una programatica explicada: el esbozo de la vida de un grupo de personas que establecen juntas una alianza. El término en sus orígenes no tenía una connotación religiosa. La utilización biblica le cambio el sentido. No obstante el empleo teológico de nuestra lengua ʿahd es algo a largo plazo que tiene una válidez a largo término; una promesa que no caduca hasta que los objetivos esten cumplidos.De esta forma perdura la válidez de una ʿahd por generaciones siendo trasmitible a otras nuevas. (de aquí el equivalente enciclopedico de ʿahd: "Era/época", "Alianza", "Testamento" que estan juntas en la alianza, siendo siempre renovadas. Fuerza explosiva política consiste en la ʿahd como acto secreto. Al ʿahd pertenece toda una instrumentaria que concretiza toda la forma de organización invisible existente entre los aliados. Hafiz por ejemplo es el "aliado", "aquel que mantiene la Alianza". En el árabe de hoy, se han mantenido elementos de Alianzas evidentemente antiguos. El ʿahd solía ser incluido dentro del margen de un ritual ó de una ceremonia solemne. La comida del ʿahd esta documentada de tiempos muy lejanos. Puede presentar formas litúrgicas, pero puede también ser muy simple (hos sigue existiendo el dicho "*ʿaiš wa milḥ*" (pan y sal). El ʿahd – ceremonial puede ser muy extenso ó limitarse a un "apreton de manos".

waṣṣiyya – "Legado", Testamento", "otorgarle algo a alguien". Cuando el jefe de la familia concluía su vida solía llamar a sus familiares para estar juntos. Toda la familia solía juntarse alrededor y al lado del moribundo y escuchar atentamente. En esta última contribución el moribundo solía resumir los consejos, en los que se referia a lo mas importante para la sobrevivencia de sus decendientes. El discurso final solía descubrir secretos empresariales y tecnicos de negocios. Contenía sabidurías y principios. También contenia elementos del testamento de los antepasados en cuanto todavía actuales. Una parte importante del discurso trataba de la contradicción básica de la sociedad. El Problema esencial de la comunidad del pueblo sobre los impuéstos/tributos al estado, quién exigía recaudarlos y maximalizarlos. Los productores querían quedarse con el producto de su sudor. La guerra en el

frente de clases formó simpre parte del contenido de la estrategia del pueblo. También acerca de este aspecto central solía hablar el anciano antes de despedirse definitivamente. Solía dejar el legado de la lucha contra la explotación y la opresión y decia como.El legado raramente era por escrito. Como el conocimiento del leer escribir no solía ser usual en la clase campesina, se solía trasmitir como discurso de despedida en forma de una conferencia oral. El sucesor ó la sucesora a la cabeza de la familia, frecuentemente el hijo mayor, era nombrado, legitimado por el cabeza de familia anciano e introducido a su cargo. El testamento como acto final de una vida llena de esfuerzos y luchas solía tener un lugar. Aparte de las enseñanzas de la experiencia solía reglamentar la división de las tareas y bienes heredados. Pero esto no es todo (y cabe resaltar especialmente para el lector moderno, que las personas en sociedades precapitalistas han conservado muchos elementos no capitalstas de un testamento). No menos valiosas eran las sabidurias, orientaciones, lineas de conducta, directrices y directivas. Eran muy autoritarios. Como últimas palabras del moribundo contenían el reconocimiento general de todos los que quedaban. Tenían tal grado de compromiso que en cada incerteza eran citados ó inclusos conjurados.
Lo mismo se encuentra indudablemente en todos los pueblos de la tierra, pero en oriente y especialmente en Egipto esta indicación sobre la conducta de la vida en la tierra tomo formas literarias, Tales testamentos de carácter político, moral y existencial de los viejos egipcios nos caen ocasionalmente incluso por escrito en nuestras manos. En la clase media, en los funcionarios y en la Aristocracia de los viejos egipcios encontramos frecuentemente en la tumba el texto del testamento. Pero en todas las clases el testamento presentaba una relación política. Entre unos a favor, entre otros en contra del poder central. Comparado con la Aristocracia y la clase media los originales de testamentos campesinos son raros. Que existían en la práctica, eso esta documentado por diversos hechos. Son mencionados con frecuencia cuando se describe la hora de la muerte de los que agonizan. Ademas se encuentran citadas declaraciones y extractos importantes de testamentos en

las enseñanzas y sabidurias egipcias. Las enseñanzas y sabidurias egipcias tomaron incluso frecuentemente la forma de un discurso del padre anciano al hijo. Esta área de literatura se aventajó en el transcurso del tiempo de un desarrollo excelente, cuyos peldaños podemos aún trazar. La plaza fija del testamento en la historia familiar al hecho que esta tradición se pueda probar hasta en éstos dias. Lo que era costumbre en egipto es válido también para los países vecinos. En el mundo árabe moderno el testamento se ocupa de todo; cada vez mas de preguntas concernientes a la herencia. Las consecuencias de burocratización y estipulación de leyes se hacen notar. Asuntos de carácter derecho-familiar y detalles jurídicos se expanden (lamentablemente) a costa del significado social y moral del testamento.

Literatura testamentaria del Arameo, del antiguo – Sirio y otras lenguas arabicas se hayan conservadas en una amplia medida; en espera que la investigación la tenga en cuenta.

El legado provoco una continuidad inusual entre las generaciones. A lo largo de los siglos se mantuvieron lineas y contenidos de lucha. Distintamente a la política desde arriba, que es elaborada en planos quinquenales ó decenas, la historia desde abajo se presenta como un proceso a largo término.

12.
En el “taller historia”- Concerniente al método de trabajo de la historización

Un antiguo amigo mio me desde Sri Lanka una tarjeta postal.

Mi querido Karam,
La paz sea contigo ! Entre nosotros no ha cambiado mucho. Ultimamente mi esposa se queja de no tener apetito, Por lo demas estamos bien. Anjuli mi hija mayor, comenzará el próximo semestre sus estudios en Calcuta. Se ha inscrito para la asignatura de historia. Vivirá allí con su hermano Biplab Basu quién quiere doctorarse en Filosofía. Si nos visitas tendrás absolutamente que hacer escala para estar con ellos antes. Nos puedes comunicar pronto cuando vienes?.
Hasta entonces, cordiales saludos,
Sivanana
P:S. La pérdida de apetito de la cual habla mi esposo, la tengo solo con respecto a la carne, no por lo demas. Cuestión de gustos! Tenemos ahora una temperatura entre 25 y 28 grados centigrados, óptimo para ir a nadar. Hasta la vista,
Saludos, Indira

Acabamos de conocer un documento histórico significativo. Que entendimientos importantes aporta este documento para la investigación histórica? El texto de la tarjeta postal no es particularmente emocionante y aparentemente no tiene significado histórico. Para la propia vida el hecho de iniciar unos estudios es un acontecimiento importante, incluso una censura, pero no para la crónica regional, y menos para la historia universal.Y no obstante la tarjeta postal transmite muchos otros contenidos que pueden ser de importante valor histórico siempre que sean investigados. Volvamos a leer la tarjeta mas detenidamente para ver si podemos deducir algo mas.

a. La tarjeta postal contiene una declaración aunque no inexpresable si clara sobre la situación social del remitente. Pués al menos pueden permitirse el privilegio de hacer estudios superiores incluso en la lejana Calcuta en la India. Naturalmente el hijito y la hijita son absolventes universitarios muy capaces y aplicados, superaron el obstáculo del numerus clausus. Ya ahora es seguro que uno de los dos quiere doctorarse. Incluso si podemos asumir que sean becarios esta suposición no cambia nada el hecho de que no pertenecen a las clases bajas de la sociedad en cuanto a ingresos.

b. El valioso documento histórico de Sri Lanka es en cuanto a correo histórico de gran importancia. Por la fecha de la carta y el timbre postal por un lado y la llegada al destinatario por otro, desciframos la velocidad del transporte y el estado de las tecnologias de comunicación.

c. En cuanto a relaciones internacionales esta tarjeta no es excenta de significado. Estudiantes de Sri Lanka pueden evidentemente estudiar en una universidad en la India y parece como que si estuvieran en su propio pais.

d. Por diversos motivos hay cada vez mas personas que pasan de la alimentación carnívora a una alimentación vegetariana. Esto nos hace reflexionar mas.

e. Una relación entre historia y lenguística se hallá también en éste caso. Se deduce mucho de ver en que idioma y en que estilo esta escrita la tarjeta.

f. También la calidad del papel, la imprenta y la resistencia puede resultar muy significativa para historiadores interesados.

g. Hasta ahora no hemos utilizado el contenido informativo del remitente.Por otro lado la tarjeta muestra una imágen que se haya explicada en el texto por una indicación. Uno se pregunta también porque precisamente esta imágen. El remitente atento seguramente me quizó hacer a mi tono historiador un favor.

h. Ahí esta también el sello, que contiene a su vez un monton de información parcialmente política que es ampliada por el timbre de la oficina de correos del pais de origen.

i. El potencial de datos se amplia en la medida en como y bajo que formas de comunicación se escriben los dos intercambiantes de correspondencia. La comunicación es mantenida lo mas inicua posible y esto ante la crispada situación de Sri Lanka. Este texto precisamente saliendo del contexto de la guerra civil esta escrito de forma sospechosa. Se debe esta cautela a miedo, incerteza ó diferencia? El servicio de censura y otro servicio secreto cuestionaria incluso una frase. Frases aparentemente inocuas que han sido escritas concientemente sobre una tarjeta aparentemente no sospechosa dan motivo a especulaciones.

De todas las posibildidades elegidas aquí no hemos tenido en cuenta mas que una milésima parte del potencial de información de una tarjeta postal. Imaginémonos que la tarjeta cae en manos de un arqueologo en un tiempo posterior y que es la unica conservada de ese tiempo y de esa region. Los arqueólogos recorrerían toda la zona meticulosamente, apuntaria los detalles y analizarian todo lo allí existente, incluso la tierra, con sumo cuidado. Se preguntarían por qué precisamente esta tarjeta habria sobrevivido a todos los demas testimonios. Tomar la tarjeta postal como comparación no es pura casualidad. Se parece mucho a las fuentes a disposición que nos han llegado de épocas pasadas (naturalmente hoy día existe una abundancia de material escrito de tiempos modernos con tendencia inflaccionaria). Los egipcios y mas tarde todas las dinastías árabes eran muy concientes de su historia. Empleaban a cronista de Corte como funcionarios. Edificaron esculturas como testimonios históricos para las sociedades descendientes. Al mismo tiempo se preocupaban de la historia de tiempos y dinastías pasadas. En todo esto se trata sobre todo de la historia de un sector social determinado.La mayoría de ciudadanos y ciudadanas no se podian permitir el lujo de la historiografía. Una tarjeta postal de esos círculos poseeria hoy un valor incalculable. A menudo las fuentes de la historia muestran una situación aún mas extrema que la tarjeta postal antes tratada. En cierto modo podemos ordenar las fuentes en dos grupos primordiales. Por una parte los autores independientes de las respectivas condiciones dominantes, que han escrito incluso desde la oposición. Tales autores empleaban un estilo definido en apariencia inofensivo para las instancias de control, que no obstante es entendido por los destinatarios en su sentido real. Precisamente en éste aspecto los escritores árabes se han mostrado como maestros de la criptografia. Hasta ahora la Orientalista europea fracasaba por la lectura inadecuada de lo escrito. Reconocía solo el estilo superficial empleado por el autor como camuflaje (de aquí la interpretación teológica estereotipada de los escritos árabes).

La otra categoría es la mayoría, es decir la mayoría de las fuentes conservadas. Se trata de historiadores de corte. Desempeñaban un trabajo de encargo y tenían que preservar los intereses de sus empleadores. No obstante seria demasiado simplista negarles a éstos autores su sentido de la realidad por ejemplo bajo el lema "de quién como el pan canto una canción". Reyes y Califas empleaban a importantes estudiosos y les concedian ciertas libertades. Tales historiografias tenían que tener ciertas atenciones. Tenían que ser muy precavidos cuando querían sobrepasar su descripción de tareas. Frecuentemente han salido muy bien utilizar su grado de libertad. Incluso el Ibn-Ḫaldūn dependió de ser empleado por príncipes, reyes, y al final por los Mamlucos. No obstante nadie les reprocho hacer relaciones publicas.

Se haya en la naturaleza de la cosa que edictos de los califas y sultanes se encuentran mejor conservados que otros materiales. Cuando inicié los trabajos para mi maestria de historia asumí los documentos oficiales como hechos reales, como si lo reyes no pudieran mentir. Solo en la experiencia aprendí la problematica de tales ideas. Su contenido de verdad se sitúa entre cero y cien. En todo caso tiene parecido nuestra tarjeta postal de Sri Lanka – un contenido muy sustancial; pués como pasatiempo seguro que no han sido escritos. Lo mejor, siempre que las fuentes lo permitan, seria confrontar un edicto oficial con una opinion contraopuesta que se refiera al mismo estado de cosas. Un decreto por ejemplo se puede comparar con una llamada telefónica, en la cual alguien que escucha solo percibe una parte y no la otra que esta fuera de sintonía. A esto se agrega que la persona al otro lado del telefono pretende lo opuesto de su interlocutor. La lengua árabe presenta caracteristicamente varios niveles de suelos. Prácticamente ninguna otra lengua se le puede comparar en éste aspecto. La evaluación del material de fuentes le crea grandes dificultades a los mismos de habla materna árabe, pero especialmente a los arabistas europeos.Ya por eso los arabistas históricos europeos deberíanser mucho más modestos. No tendrían absolutamente ninguna razón que justificara su arrogancia. Haarmann y Co. Autores presentan su libro como "*Historia del mundo árabe*" con la pretensión "internacionalmente de buscar otro de su mismo genero". Siendo que yo puedo mencionar en cualquier momento todo un catálogo de libros escolares árabes que superan con creces la obra de Haarmann. La tarjeta postal seguro que no fué una comparación exagerada. Al contrario, las fuentes presentan muchos otros problemas que no han sido aquí mencionados. Un problema esencial concierne a la autenticidad ó solidez de los escritos. Hay problemas con lo pseudogramas, de documentos anónimos y escritos sin fechas. Hay que plantear también la pregunta sobre los factores motivadores que han llevado a escribir el texto y que frecuentemente quedan ocultos. Si bien éstos motivos aportan conclusiones importantes para conocer el valor de un escrito y evaluar las diversas declaraciones. Una fuente de la antiguedad ó de la ciencia medieval nos llega raramente en su tono original. Muy a menudo se haya modificada en su redacción por autores posteriores. La investigación histórica ha desarrollado métodos especiales para determinar y contraponer extractos superpuéstos (layer) y diferencias según su edad. Pertenecen a éstos los métodos de la crítica del texto. Se ha desarrollado por ejemplo el método histórico formal ó la determinación de "situación en la vida", es decir lugar que ocupa el texto central histórico en la transmisión, ulteriormente y distinción entre original y elaboración redaccional. Existen ademas métodos linguisticos y procedimientos para textos. La pregunta acerca del motivo para una modificación del texto con un determinado objetivo es muy frecuentemente y aclaratoria. Los materiales mas valiosos le llegan al historiador como el siempre lo habia querido. Frecuentemente faltan las fuentes de

toda una fase histórica ó de una presencia social determinada. Un problema significativo con el que se enfrento este libro consiste en la historización de revueltas y movimientos por la injusticia. Por una parte los movimientos trabajaban en el transfondo y disfrazaban su palabra opositora, por otra parte sus escritos fueron destruídos en tiempos de la restauración. No obstante el historiador no puede rendirse ante tales situaciones dificiles, sinó que esto lo debe incentivar a realizar ulteriores investigaciones con mayor curiosidad y desarollar métodos especiales para ello (yo he tratado la cuestión en su lugar respectivo).
Hay un viejo dicho que dice que si el profeta no va a la montaña, viene la montaña al profeta. Una profecia es una declaración sobre el futuro. Un testimonio histórico es una información sobre el pasado. A veces la percibimos de un historiador (analógamente al profeta), en otros casos por una herencia material, una cultura, material, por ejemplo: edificios (equivale a montaña).

Ahora todo el material que nos llega debemos aprovecharlo para obtener el máximo de informaciones. Finalmente se trata de llenar un "hueco histórico". Semejante "montaña" le ha llegado al profeta inesperadamente como un tesoro de incalculable valor. Un maestro de escuela evidentemente un pedante, solía tirar despectivamente las tareas insuficientes de su alumnos en el cesto de la basura, al mismo tiempo que tenían que ahorrar el valioso papyrus.. Entonces tenían que escribir sobre trozos de arcilla. Para satisfacer al exigente maestro los pobres alumnos repitieron tanto sus tareas hasta que al final escribian de forma "pasable". Pero éstos seis ó cinco alumnos no saben la forma póstuma que alcanzaron. Gracias a sus trabajos (ineficientes) estamos hoy en posesion de las obras mas antiguas y conservada de la formación profesional. El "monton de trozos" de arcilla se hallá expuesto en el museo egipcio. Procede del Reinado medio, aunque llega hasta las fuentes del Reinado antiguo. La ironía de la historia ha rehabilitado los malos alumnos en el sentido del verso bíblico "quién es humillado será ensalzado). A parte de los métodos generales de la ciencia histórica existen también otras especialidades que se refieren a una época específica ó una region, por ejemplo: Antiguo egipto, Bizancio, Califato, primera y segunda guerra mundial etc. La pregunta acerca de la crítica de fuentes se debe fomentar nuevamente en todo caso y relacionarlo con la característica específica del material.

13.
Historia integrada de la vida, el trabajo, la cultura y la sociedad

La redacción histórica burguesa sufrió al ser un aspecto, casi siempre político, aislado de su conexion histórica y dependiendo de sus propios intereses. Lo que verdaderamente es el contenido de la vida del hombre y lo ha movido, es la historia social dejada de lado. Pero la investigación social de carácter histórico no podría trabajar exclusivamente con los medios tradicionales del escribiente histórico; se necesitan nuevos. Bajo este aspecto tenemos el "método biográfico" para desarrollar la "historia social de la literatura". Ejemplo: La obra "Las mil y una noche" es una recopilación de cuentos, no obstante el escenario de los sucesos históricos. Si se consigue deducir del mundo de los cuentos la sociedad auténtica, entonces se conseguirian nuevas fuentes de la historia social.

14.
La "Teoría Universalista de la Historia" o: La unidad orgánica interior del proceso global histórico

La educación histórica burguesa ha arruinado la unidad orgánica interior del proceso global histórico. En su presentación la historia aparece como ocasional, fragmentaria, incluso anecdótica. Se enumeran sucesos, se informa sobre reyes, guerras y tratados. Las interrelaciones, la causalidad y la continuidad interna del movimiento son aniquilados. Como consecuencia, la dimensión histórica de la humanidad nos parece segmentada ó fraccionada. La imágen histórica fragmentaria como un mosaico no ha surgido de forma independiente ó espontanea, sinó como efecto de las ciencias históricas positivistas y de la forma eurocentrista de elaborar y presentar la historia. Esta presentación depende solo en parte de la especialización necesaria. No obstante la especialización puede resultar una trampa y no ayuda. Imaginémonos que nos buscamos un relojero que deba reparar un valioso reloj antiguo. El desarma el reloj, encuentra el fallo, lo arregla, pero luego no es capaz de unir las piezas del reloj.

Los acontecimientos históricos de la humanidad son homogéneos. La unidad orgánica interior del proceso global histórico tiene válidez tanto en lo vertical como en cuanto al transcurso de la historia, es decir también universal. De aquí la necesidad de la teoría histórica universalista. La unidad orgánica interior del proceso global histórico no excluye la variedad de las apariciones y particularidades de desarrollo regional. La teoría histórica universalista intenta conocer las interrelaciones e investigar las conexiones.

Conclusión –
El presente es la actualidad de la historia

Entendemos la historia a través del presente. Por el contrario a través del estudio de la historia aprendemos a conocer mejor nuestro presente. Esta relación no es casual, se puede probar teoricamente. Existe una unidad orgánica interior del proceso global histórico. La demanda de objetividad seria mal entendida y tampoco realizable, si se entendiera la objetividad como desconexion total del objeto de investigación del punto de partida del observador y de sus intereses. Existe también una dialéctica entre el sujeto, es decir el investigador y el objeto a investigarse. Pensar en grandes dimensiones históricas y la historia a corto plazo se complementan mutuamente. La elaboración de la historia es la reflexion de la experiencia del pasado. De aquí que se hace comprensible el presente. De aquí se deducen las enseñanzas para el futuro y las consecuencias para el actuar "aquí y hoy". Otros aspectos de la teoría universalista son la "Antropología universal", la "Teoría cultural universal", la "Lenguística universal" y la "Historia universal del espiritu".